GIGAスクール構想

小学校低学年
1人1台端末を活用した
授業実践ガイド

堀田博史 監修・編著

佐藤和紀／三井一希 編著

東京書籍

もくじ

アイデアあふれる実践事例 30 ＋先進的幼稚園の実践事例 2

はじめに

　2019年12月クリスマス直前のある日，文部科学大臣から「子どもたち一人ひとりに個別最適化され，創造性を育む教育ICT環境の実現に向けて〜令和時代のスタンダードとしての1人1台端末環境〜」というGIGAスクール構想のメッセージが出されました。そして，2019年度の補正予算案に，児童生徒向けの1人1台端末と，高速大容量の通信ネットワークを一体的に整備するための経費が盛り込まれたのです。この時点では，3〜4年かけて段階的に整備が進むと多くの教員が考えており，準備段階の時間的余裕があると想定していました。しかし，年が明け2020年初頭には新型コロナウイルス感染症が拡大し，休校を余儀なくされたことで，GIGAスクール構想の整備が前倒しとなりました。いま私たち教員は，将来を生き抜く子どもたちに必要な力を，学校や家庭でも身に付けることができるように，整備された環境をフル活用することが求められています。

　皆さんの学校にはGIGAスクール構想で整備された機器等が"導入"されていることでしょう。2021年4月からは，すべての学校で"導入"から"活用"のフェーズに入ります。低・中・高学年に分かれて，教員みんなで活用を考え始めると，「まず高学年ではインターネットで調べ学習しよう」「4年生でポスターづくりにチャレンジしたい！」などアイデアが溢れているようです。しかし，低学年の担任から，「こんな操作ができるのかな？」，「情報端末を使用するのは早いよね……」など，"活用"に慎重な意見が出てきていませんか。低学年の情報端末の活用に，教員自ら子どもの限界をつくってはいないでしょうか。

　本書は，低学年でもできる情報端末活用を多くの学校で共有できるように企画しました。「低学年で情報端末を使用するのは早い？」ではなく，低学年ができる"活用"を集めてまとめております。さらに幼児期と低学年，低学年と中学年の接続を考え，それぞれの活用例も含めております。

　巻頭の対談では情報教育の第一人者，東北大学大学院情報科学研究科・教授　堀田龍也先生と編著者の堀田博史が，GIGAスクールで整備された環境を低学年でどのように活用すべきかについて議論しております。そして，小学校1〜2年生の活用実践を中心に，中学年と幼児期の実践を含め，32実践による活用事例を掲載しました。活用事例は，授業の流れだけではなく，情報活用能力育成のポイントなどを明記しております。巻末には，本書の実践内容を1年生から3年生に分けてまとめた，児童が自ら確認できる「情報活用チェックリスト」を掲載しております。

　本書は，東京書籍の川瀬徹氏はじめ，小島卓氏，中条純氏，瀧澤能章氏，中川隆子氏にお世話になり出版することができました。ありがとうございました。また執筆にご賛同いただき，お忙しい時期に活用事例をまとめていただきました先生方，そして管理職の皆様には，改めまして御礼申し上げます。

GIGAスクール"活用"元年 となる年度を迎えて

2021年4月吉日

編著者

堀田博史　佐藤和紀　三井一希

対談

1人1台の情報端末を
クラウド活用し、
子どもの「学びに向かう力」を
つける教育とは？

堀田×堀田

"ホリタ"と"ホッタ"が今後の GIGA スクール構想で
整備された環境をどのように活用していくのかについて
語り合います。1人1台の情報端末の活用でお悩みの
先生方，必見です。

情報端末の導入で留意すべきこと

ホッタ GIGA スクール構想での環境整備が整って
きて，情報端末等の導入から活用というフェーズに
入ってきました。学校では，導入から活用にスムー
ズに進行しているのでしょうか。

ホリタ 現場の先生の目線から考えると，端末が1
人1台来るとのことですが，随分急だな，来たら
どう使えばいいんだろう，そもそも子どもに使える
のだろうか，自分は指導できるのだろうかと不安に
思っていらっしゃる方が，いっぱいいるのではない
でしょうか。だからこそ，こういう指導事例の本が
出ることは，とても価値があることだと思います。
　そもそも今の時代，いろいろなサービスはイン

ターネット上で提供されています。例えば，小さい
お子さんが何かに興味を持って写真とか絵とかを見
てみたいと思ったら，ネットで検索するといろいろ
出てきますよね。自分の身の回りにあるもの以上の
いろんなものに触れることができるわけです。もう
ちょっと年齢が上がってくると，ネット上に点在し
ている知識を必要に応じて，うまく拾い出しながら，
自分の知っていることや学びたいこととうまく掛け
合わせて知識を構築し直していくようになります。
その手段として，情報端末が活用できるといいです
よね。

ホッタ その点では，今回の書籍が先生がたのヒン
トやアイデアとなり，ひとつの参考になると思いま
す。

堀田博史（ホッタ　ヒロシ）

1962 年大阪府生まれ。関西大学大学院総合情報学研究科修士課程修了。現在, 園田学園女子大学 人間教育学部教授。主たる研究領域として, 幼児教育・初等中等教育における情報化に伴う教育内容・教育方法の開発, e- ラーニング手法を用いた教員研修の開発に従事, GIGA スクール構想実現に向けて, 多数の自治体でアドバイザーを務める。
本書の監修者・編著者。

ホリタ そう思いますよ。ただ, 今の段階で出ている事例集のほとんどは, 全ての学校に環境が整っていない状況で, 先進的な自治体や先生が取り組んだ事例でしょう。そうすると, 一般的な学校にとってはハードルが高い事例が並んでいたりすることもあるし, 小学校でいえば高学年の実践が中心になりがちなので, 低学年でも使えるのか, どんな使い方がいいのかということを提唱しようとするのは, 非常に価値があると思います。

少ない低学年の情報端末の導入事例

ホッタ 今回, このような本をつくろうと考えたのも, 低学年の事例が少ないことからです。低学年はカメラ機能の活用からスタートして, 調べ学習というよりも町探検とか校内探検にタブレットを持って行って写真を撮るところで止まってしまう。それ以上のことはできないと子どもの限界を決めてしまって, 1 年生・2 年生にはそこからの発展がないようなイメージが, 先生がたの中には結構広まっているような気がします。

低学年でこのような活用を進めるにあたり, ホリタ先生はどのようにお考えになられますか。

ホリタ おっしゃったように, 写真を撮ってクラウドで共有し, 例えばスライドみたいなものに再整理

したものを, お互いが見せ合って教え合うようなことは, 原体験でありながらネット上で知識を共有し他の人が見つけたことを知るという, 調べる行為に近づくことになります。

つまり, 原体験と調べるという行為がメディアによってつながっていくというのが, 今の時代の「調べる観」だと思うので, そういう意味では, むしろメディアを使わせたほうが体験的になるというか, リアリティーが出てくるというか, オーセンティックになるというか, そういう部分があると思います。

逆に幼児教育や低学年の実践をよく見てこられたホッタ先生からすれば, 幼保と小学校がどうつながっていくかという低学年の学習が非常に重視されているなか, いわゆる情報活用や情報活用能力という観点において大事だと思われることを教えてください。

低学年に必要な情報活用能力を
チェックリストとして掲載

ホッタ 1 年生・2 年生・3 年生の情報活用能力のチェックすべきことを, 今回 32 実践（2 実践は幼稚園の実践）の中に情報活用能力育成のポイントとして必ず書いていただき, そこから抽出し整理したものを巻末に学期毎など定期的に行う「チェックリスト」と授業や 1 日の単位で行う「確認カード」として掲載しました。

堀田龍也（ホリタ　タツヤ）

1964 年熊本県生まれ。東京都の小学校教員を経て，東京工業大学大学院社会
理工学研究科人間行動システム専攻博士後期課程修了，博士（工学）。東北大学
大学院情報科学研究科人間社会情報科学専攻メディア情報学講座・教授。
主たる研究領域として，教育工学，情報教育・メディア教育，ICT 活用授業，
校務の情報化。特に小学校における情報化に伴う教育内容・教育方法の開発，
学習支援システムや教材の開発，教員研修の開発等。教育の情報化に関連する
企業との共同研究多数。

　1 年生のチェックリストでは，カメラ機能を使っ
て写真を撮る，という操作的な部分の項目がありま
す。また，ゲーム機などがインターネットにつなが
ることを知っている，友達の作品を大切にする，と
いう情報モラルを含めた部分，そして本を読んだり
人に聞いたり見学したりして情報を集め自分に必要
な情報を選ぶことができる，自分の考えをタブレッ
トを使って表現することができる，声の大きさや話
す速さに気を付けて話すことができる等，話す・聞
くの領域が意外に重要だと思います。

　幼児教育の中でも，何かの活動をした後に，みん
なが先生のもとに集まって振り返りをします。活動
の 4 分の 1 を占めるぐらい，振り返りの時間が多い
場合もあります。自分がやったこと，体験したこと
を，こうだった，ああだったと一生懸命説明する。
本を読んだら内容を友達に説明する等，いわゆる年
長さんがやっていることが，小学校 1 年生でも引
き継がれています。自分の体験とか見聞きしたこと
を言葉に表して伝えることが，1 年生の情報活用能
力の大部分を占めるのではないでしょうか。幼児教
育とのオーバーラップを考えたときに，そのように
思いました。

　友達から聞いた情報も，○○さんが言った情報は
こういうことですという前置きを付けることも大切
になってくるでしょうし，インターネットに接続して
情報を得るときも，どこどこのウェブサイトにはこう
いうことが書いてあったというようなことにつながっ
ていく，ちょうど過渡期が 1 年生かなと考えます。

　ホリタ　とてもいい話を聞きました。ホッタ先生の
おっしゃるとおりだと思います。もっと言えば，年
長ぐらいでできること，できたらいいことはどれな
のかを整理すると，小学校 1 年生のリストで挙げ
られたものと，だいぶ重なるのではないでしょうか。

**情報端末の活用で，いつでもどこでも学ぶ
「学びに向かう力」をつける！**

　ホッタ　今回，1 人 1 台端末が整備される中で持
ち帰りが可能になったことによって，夏休みなど長
期休暇のときに，どうしても先生がたが家庭に何か
を配信したい場合，僕は非常に有効に働くと思いま
す。そこで，端末を持ち帰って学習を継続させるた
めには，保護者や子どもたちが何に気を付け，教員
側がどういうことに留意し，保護者にどのような協
力を得たら良いでしょうか。

　ホリタ　端末を使って家で勉強できるようにするた
めには，どうするかということですね。一つ目は，
子どもが端末を使えるようにすることです。しかも
学習で使えなければいけない。家と学校で場所が変
わってもやることは同じなので，国語のときの日記
は，これでこうやって書けばいいとか，ここに出せ
ばいいとか，授業の中で ICT や端末を利用した学
習体験と学習を支えるスキルが，ちゃんと身に付い
ていることが重要だと思います。

二つ目は，学べる環境が整ったら子どもが学ぶのかということです。つまり，学ぶ意欲がちゃんと備わっているかということです。学ぶって面白いとか，やらなきゃいけないことは今日のうちにやっておこうとか，こういう気の持ちようみたいなところですね。これからの時代，いつでも学べるからこそ先送りせずこつこつ学ぶような，そういう学びのスタイル，学びに対する姿勢のようなものが，大事になってくると思います。文部科学省は「学びに向かう力」という言葉で，これを説明しています。

これからの時代は非常に不確実性が高く，一度決まったことも世の中が変わって，そうでなくなるというようなことが次々に起こります。そんな時代に子どもたちは生きていくわけですね。そうすると，新しい知識を常に外から取り入れて自分の知識を再構築することを生涯にわたって繰り返していかないと，仕事にありつけないかもしれないし，間違った情報をつかんで不適切なことをしてしまうかもしれない，あるいは，社会の役に立てないかもしれない。そのような時代に，学校段階で特に義務教育の段階で，学びに向かう力を持ち続けることを子どもたちに身に付けさせることは，至上命題だと思います。

低学年で学びに向かう力が常に豊かな子というのは少ないかもしれないですが，勉強が面白いとか，分かったから面白いとか，お友達の考えを聞いたら自分もやりたくなった，というようなピュアな反応はいっぱい見られます。端末を持ち帰っても学習を継続するためにやらなければいけないことは，モチベーションを高いままキープできるような子どもに，低学年のうちから「学びを止めずにどんどんやりましょう」と先生や保護者が声掛けしていくことが大事ではないかと思います。

クラウド活用で，ひとりではなく，みんなで学ぶ！

ホッタ 家庭に端末を持ち帰って学習を継続することは，学校と違って孤独になりがちですよね。ひとりで勉強することが長期・長時間にわたると，どうしても低学年になればなるほど，くじけやすくなって集中力が途切れてしまう。そういうときにウェブカメラを使って，先生がそこに介入したり，クラウドにある情報で友達の作品が日々進化していることを見たりすると，孤独感がうすれる。

そう考えると，家庭にいてもみんなで学べる環境ができたこと，そしてその楽しさを子どもたちが理解していないと，端末を持ち帰っても学習が継続しないと思います。

ホリタ だからこそ，みんな目の前にいるときに，ここで書いたものがあそこで見られるとか，そういう，まさに体験ですよね。クラウド体験といったらいいのでしょうか。そういうことをさせておくべきだと思いますよね。そうすると，場所が離れても，

同じことをしているとなると，孤独なようで孤独ではないですよね。

ICT 活用をスムーズに進めるためには？

ホッタ　最後に，幼児教育での ICT 活用，小学校低学年での ICT 活用をスムーズに進めるために，先生や保育者が子どもたちのモデルとなることが大切だと思います。

　幼稚園等での保育では，子どもが1人1台の端末を使って，何か写真を撮り，遊ぶということは，特別な園以外では，ほぼないです。しかし，先生や保育者がタブレット端末を持つことはあります。そうなったときに，先生や保育者が子どもたちに使い方を見せてあげる。例えば，公園にお出かけ保育に行ったときに，いろんな草花があって，子どもたちはすごく興味を持つわけですよね。先生や保育者が，その花の種類は何かということも分からないままに「後で図鑑で調べましょうね」ではなく，まず Google レンズなどで検索して花の情報を知ることが大切だと思います。それを直接，その場で子どもに伝えるかどうかは，保育の流れになってくるので，何とも言えないのですが。

　そのようなスキルを見せることは，便利なんだ，こういうことができるんだ，と子どもに気づきを与えます。小学校に入って1人1台の端末が手元に来れば，そういうスキルができる子どもが，どんどん出てくると思います。まずは先生や保育者がモデルになることが，幼児教育の中での，そして，小学校低学年での ICT 活用としては，とても大切だと思っています。

ホリタ　僕もそう思います。そういう意味では，今まではその場で調べることがほぼできなかったから諦めていたし，「子どもは体験が重要で，知識が重要なわけではない」という理屈で，そういうものを全部片付けてきました。しかし，仮に Google レンズで調べたことを先生が伝えたとして，子どもはぽかんとし，よく分からなくても，そうやって調べられることは何となく分かるわけですよ。それは子どもたちにとって，非常に大事なメディア体験になっていると僕は思います。

　そういう意味では，ICT が身近にあって，実は家庭で小さいうちから家族や保護者が使うところを目撃し続けてきた子どもたちに，体験が重要で，知識が重要なわけではない，という枠はめをしてはならないと思います。そのためにも，普段から保育や教育につながるかもと考えながら，先生自身がいろんなメディア体験をすることは，きわめて大事だと思います。

情報端末が学校にやってきた！
授業前にしておくべきこと

常葉大学 教育学部 三井一希

　情報端末が学校へやってきました。わくわく感だけでなく，不安も入り交じっていることでしょう。これまで情報端末を活用した授業を行ってきたことも，自らもそうした授業を受けたこともない先生方がほとんどだと思うので，不安な気持ちは当然です。

　一方，子どもたちはどうでしょうか。１人１台の自分用の端末が配布されるとなれば，テンションは高まり，早く使いたくてうずうずしていると思います。こうした子どもたちの気持ちに応え，授業での活用がスムーズに進むためのポイントをお伝えします。

情報端末との出合いを工夫する

　端末はこれからずっと付き合っていく子どもたちの相棒です。端末との出合いも工夫しましょう。校長から直接手渡したり，端末を配付する意義について話をしてから手渡したり，先生たちの思いや願いを手紙にして端末と一緒に手渡したりする工夫が考えられます。また，端末にペットのような名前を付けさせてもいいかもしれません。

　新しい学習道具を手に入れる期待感を子どもたちに持たせると同時に，大切に扱っていこうとする気持ちを持たせることが大切です。

情報端末を扱う際のルールを決めておく

　授業で活用する前に端末を扱う際のルールを決めておきます。学校全体で統一したり，発達段階に応じて学年ごとに統一したりすることが考えられます。ルールは子どもたちを縛るためにあるのではなく，安心して端末を使える状況をつくるためにあります。そのため，はじめは必要最低限のルールだけを定める「ブラックリスト方式」を取り入れるとよいでしょう。

　例えば，学習以外のことには使わない，他者を傷つけるような使い方はしない，など授業で活用することを前提としてルールを定めます。また，このルールを子どもたちと共有しておくことも大切です。なぜ，ルールが必要なのか，ということも併せて理解させたいところです。児童の実態に応じて，一緒にルールづくりをすることもよいでしょう。そして，ルールは定期的に見直し，不要なルールを撤廃するとともに，新たなルールが必要ないかを検討していくことが欠かせません。

（参考 URL）
熊本市教育センター「１人１台タブレット端末の運用について」
http://www.kumamoto-kmm.ed.jp/link/iinkai/tabletpc/
（教師用，保護者用，児童生徒用のリーフレットが参考になります）

保護者に説明をする

　GIGA スクール構想で１人１台の情報端末が配付されることは，保護者の中でも少しずつ認識されるようになってきました。しかし，端末を使ってどのようなことができるのか，どのように使っていくのかはまだまだ伝わっていません。そこで，学年だよりや学校ホームページ等で保護者に向けて情報を発信していくとよいでしょう。保護者も状況がわかり，我が子と情報端末についての会話が増えたり，協力が得られやすくなったりする効果が期待できます。

(参考 URL)
墨田区教育委員会「児童・生徒にタブレット端末を配付します」
https://www.city.sumida.lg.jp/kosodate_kyouiku/kyouiku/
school/oshirase/leaflet.html
(保護者向けリーフレットが参考になります)

端末を使うときの姿勢や学習環境を確認する

　端末を使うときの姿勢を最初にしっかりと確認しておくとよいでしょう。低学年であれば，初めて情報端末に触れる児童も多いと思います。入学当初に授業中の座り方や鉛筆の持ち方を指導することと同じです。最初に望ましい姿勢について確認をし，継続して指導していくことが必要になってきます。掲示物などでイメージを持たせることもよいでしょう。

　机上のどこに情報端末を置くのか，教科書・ノート，ふで箱はどこに置くのかといったことも予め確認しておくと混乱が少なくなります。もしくは，端末を使うときは机上のものはすべて机の中に入れることも考えられます。いずれにしても，子どもが集中して学習できる環境を考え，指導することが低学年には特に必要になってきます。

先生が便利さを感じ，楽しむ！

　授業で活用する前に，まずは先生方がたくさん端末に触れて便利さを実感してほしいと思います。情報端末はとても便利です。便利でなければ，これだけ世の中には普及していません。しかし，最初は操作方法がわからず苦戦することもあるでしょう。活用を止めてしまいたくなるかもしれません。

　経済学の用語に「Ｊカーブ効果」というものがあります。このＪカーブで考えると，最初は操作に手間取り，一時的に効果や効率が落ちることもあります。操作に慣れるまでは負荷もかかります。でも，そこで活用を止めずに，「そのうちできるようになる！」という気楽な気持ちで使い続けてください。必ず便利さを実感できるときが来ます。そして，端末を活用すること自体を楽しめるようになれば，授業での活用イメージも浮かんでくると思います。

　真面目に考えすぎてしまい，端末の機能をすべて覚え，自分が完璧に使いこなせるようになってから，子どもたちへ指導しようと思ってはいませんか。その必要はありません。子どもたちの方がすでに詳しいかもしれません。子どもたちが使いながら新たな機能をどんどん発見するかもしれません。だからこそ，子どもたちと一緒に学んでいく，楽しみながら活用していく，そんな気持ちでいることが大事なのです。朝の打ち合わせで記録を取る，給食の残量報告を共同編集機能で行う，各教室に先生方が散り，オンラインで職員会議をやってみる，まずはそんな実践から始めてみましょう。

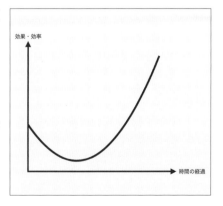

情報端末が学校にやってきた！　どうやって進めていけばいいの？

信州大学 教育学部　佐藤和紀

　いざ情報端末が学校にやってくると，最初は何を取り組むにしても，どうしたらいいかわからないことばかり，という状態になることでしょう。すでに始まっている学校でも試行錯誤の毎日です。これまでに学校の先生方からいただいた情報端末に関する質問や心配事を Q&A にしました。

【整理整頓・持ち運び】

1

Q 教科書，ノート，筆箱，情報端末など，机の上にたくさんのものが載っています。
A 置く場所を例示してあげましょう。利き手を考慮してあげると学習しやすくなります。

2

Q 教科書とノートで机の中がいっぱいで，情報端末が片付けられません。なにかよい方法はありませんか？
A その時間で使う教科書とノートのみを机に入れておき，それ以外の教科の教科書とノートは個人ファイルボックスを用意して，そこにしまわせる，というようなことをするといいでしょう。

3

Q 教室移動の際に持ち運びが心配です。
A 手さげや情報端末入れを用意して，持ち運ぶときには何かに入れて運ぶ習慣をつけていきましょう。何かに入れて運ぶようになると「歩きスマホ，歩き情報端末」はできなくなりますので，安全指導にもつながります。

写真提供：春日井市立出川小学校

【ルール・学習規律】

4

Q 情報端末を使うルールをどのように決めればいいでしょうか？
A 最初から完璧なルールを決めずに，常に子どもと一緒に大体のルールを考え，ルールをアップデートしていきましょう。また，禁止事項を多く作らず，児童に正しく使う態度を身につけさせましょう。禁止事項が多いと，本来の目的である情報活用能力の育成の阻害要因になっていきます。

5

Q 発表中に画面を見ていて子どもたちが話を聞きません。
A 先生が話をするときは情報端末を触らない，話を聞くときは話し手を向く，などの指導を適宜していきましょう。このことはこれまでとあまり変わりません。ただし，話を聞きながら入力する，作業をする場合もありますので，頷いて聞いていることを相手に示す，というような方法も指導していくといいでしょう。

【アカウント】

6

Q 1人1アカウントが配布されて，使い始めましたがマークが出席番号だと誰が誰なのかわかりにくいです。どうすればいいですか？
A プロフィール写真を編集し，名前にしてみましょう。児童同士がコメントし合うときも，名前が表示されるようになるのでわかりやすいです。

【接続・提示】

7

Q 複数の児童のパソコンの画面を大型モニターに映したいです。どうすればいいですか？

A 児童の制作物（Google スライドなど）は教師とクラウドで共有し，教師機のみ大型モニターを優先で接続し，複数のウインドウを開いて提示しましょう。直接接続もできますが，こうした取り組みの積み重ねがクラウドの理解につながっていきます。

【ICTスキル】

8

Q タイピングの入力に時間がかかる場合にはどのようにすればいいですか？

A 最初はどうしても時間がかかってしまうものです。手書き入力，音声入力で当初は対応していきましょう。いずれローマ字を学習し，ローマ字入力になっていきますので基本的にはタイピングによるローマ字入力を推奨します。しかし，低学年ではなかなか難しいので最初はひらがな入力をしながら，朝の会や帰りの会などで少しずつローマ字を教えつつ，ローマ字入力を習得していきましょう。低学年でも毎日5分ずつ勉強したり，ローマ字入力を繰り返したりすると，高学年並みに入力できるようになっていきます。タイピングスキルアップのために家庭学習も有効です。

文部科学省の「教育の情報化に関する手引」では，小学生は「10分間に200文字程度の文字入力ができること」とされています。

【姿勢・視力】

9

Q 姿勢や視力が心配です。どのような指導が必要ですか？

A 姿勢が悪くなるのはタイピングスキルとこれまでの生活習慣が影響しています。キーボードの位置を覚えていないと，顔を近くして探す傾向があります。また，これまでも姿勢がよくなかった児童は，情報端末を使っても悪い傾向がありますので，日常的な声かけをしましょう。姿勢の基準は書写の教科書で示されているような姿勢が情報端末の活用でも推奨されています。

視力の低下については，情報端末を活用しなくても起こることです。時には集中して画面を見続けなければならない学習がありますが，目を休める，時々画面から目を離す，といった指導をしていくといいでしょう。

文部科学省　児童生徒の健康に留意して ICT を活用するためのガイドブック
https://www.mext.go.jp/component/a_menu/education/micro_detail/__icsFiles/afieldfile/2018/08/14/1408183_5.pdf

【クラウド・共同編集】

10

Q 共同編集のときに，友達に勝手に編集されたと訴える子がいます。
でも，誰に編集されたのかわからないです。どうすればいいですか？

A Google Workspace ならば，「変更履歴」で確認できます。他人の作ったものを勝手に編集しないという指導にも使えます。

11

Q 共同編集だと，個人が何をしているのかがわからないので評価できないのではないでしょうか？

A 例えば，本時のふりかえりを書く際に，個人の評価をしたい場合は，フォームなどのツールを使ったり，友達同士で見合うことをしたい場合はスプレッドシートを使ったりして工夫してみましょう。

12

Q 子どもたちがクラウド上で編集している状況を確認したいです。

A 教師も共同編集に入ればリアルタイムで児童の編集状況を確認できます。また，クラスルームなどでは，「課題」として提出すれば，児童の編集状況をリアルタイムで確認できます。

アイデアあふれる**実践事例**30
＋先進的幼稚園の実践事例2

「どうぶつの 赤ちゃん」 ちがいを比べて読もう

1年	国語	OS：iPadOS	京都教育大学附属桃山小学校
		ツール：ロイロノート・スクール	山口 翼

国語科「どうぶつの 赤ちゃん」での，情報と情報との関係を比較したり，文章構造を把握したりする活動において ロイロノート・スクール（以後，ロイロノート）を活用する。ロイロノートを活用することで，児童間の考えを共有したり，考えの確認をしたりすることができ，より深い理解を促すことができる。また，本文をデジタルで確認することができるため，必要な情報を見つけやすく，比較もしやすいため，深い学びになると考える。

ねらい

● **教科のねらい**
- 共通，相違，事柄の順序など情報と情報との関係について理解することができる。
- 文章の中の重要な語や文を考えて選び出すことができる。

● **情報活用能力育成のねらい**
- 観点を決めて，情報を収集し，情報同士の共通点や，相違点の比較をすることができる。
- 文章の中から必要な情報を読み取り，まとめることができる。

単元計画

1. **初めて知ったこと，もっと知りたいことなどの感想をもつ**
   - 今までの経験の中で見たことのある動物を出し合う。
   - 「どうぶつの 赤ちゃん」を読んだ感想をノートに書く。

2. **ライオンとしまうまの赤ちゃんの生まれたときの様子を比べながら読む**
   - 教科書を読み，ロイロノートのカードに各段落の要点をまとめる。
   - 比べている観点を意識して，それぞれの赤ちゃんの生まれたばかりの様子をロイロノートのデジタルシンキングツール「ベン図」にまとめる。
   - ライオンとしまうまの赤ちゃんの生まれたばかりの様子について読み取ったことを出し合う。
   - 比べながら読んで思ったことや考えたことを書く。

3. **ライオンとしまうまの赤ちゃんが大きくなっていく様子を比べながら読む**
   - 比べる観点を意識して，それぞれの赤ちゃんの生まれたばかりの様子をロイロノートのデジタルシンキングツール「ベン図」にまとめる。
   - ライオンとしまうまの赤ちゃんの大きくなっていく様子について読み取ったことを出し合う。
   - 比べながら読んで思ったことや考えたことを書く。
   - ライオンの赤ちゃんとしまうまの赤ちゃんのどちらがすごいと思うかを話し合う。

4. 「カンガルーの赤ちゃん」を読み，ライオンとしまうまの赤ちゃんと比べながら読む
  • 比べる観点を意識して<u>ロイロノートのデジタルシンキングツール「ベン図」</u>にまとめる。
  • まとめた<u>デジタルシンキングツール「ベン図」</u>を見ながら，ライオンとしまうま，カンガルー，それぞれの赤ちゃんを比べて，似ているところや違うところを見つける。
  • 違いを比べて思ったことや考えたことを書く。

5. 自分が興味をもった動物について調べ，まとめる
  • タブレットで配布をした<u>デジタル図鑑</u>から興味のある動物を選び，<u>ロイロノート</u>にまとめる。
  • まとめた内容を交流する。

実践例

◎：教師の発問・指示

□：児童の反応

1. 「どうぶつの 赤ちゃん」の文章構成を確かめる

◎「教科書を読みながら，ロイロノートのテキストカードにそれぞれの段落で何が書いてあるのかをまとめましょう。」

• 詳しく書くのではなく，一言でまとめるようにします。

□「最初の段落は問いが書いてあるね。」

「ライオンの様子としまうまの様子は同じこと（観点）で書いてあるよ。」

「比べやすくなっているのかな。」

• 最初の段落は全体で確認をし，個別学習→グループ学習へと発展させます。

• 文章構成が「問い→ライオンの赤ちゃんの生まれたばかりの様子→ライオンの赤ちゃんの動きかた→ライオンの赤ちゃんの食べ物→しまうまの赤ちゃんの生まれたばかりの様子→しまうまの赤ちゃんの動きかた→しまうまの赤ちゃんの食べ物」というように，問いに対する答えが反復しています。児童がこのことに気づくことができるようにします。

※文章構成をまとめておくことで，読み取りや比較の学習活動が行いやすくなります。

※1年生段階では手書きによる入力だと手軽に取り組めます。

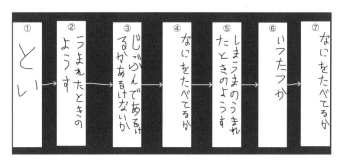

◎本時

2. ライオンとしまうまの赤ちゃんの特徴を読み取る

◎「ライオンとしまうまの赤ちゃんの『大きさ』『耳や目』『食べ物』『お母さんと似ているか』『移動の方法』を見つけて、ロイロノートの教科書に線を引きましょう。」

・それぞれの観点に対応する色を決めます。

□「ここは大きさだな。」
「食べ物はどこにあるかな。」

② ライオンの 赤ちゃんは、生まれた ときは、子ねこぐらいの 大きさです。目や 耳は、とじた ままです。ライオンは、どうぶつの 王さまと いわれます。けれども、赤ちゃんは、よわよわしくて、おかあさんに あまり にて いません。

③ ライオンの 赤ちゃんは、じぶんでは あるく ことが できません。

よそへ いく ときは、おかあさんに、口に くわえて はこんで もらうのです。

④ ライオンの 赤ちゃんは、生まれて 二か月ぐらいは、おちちだけ のんで いますが、やがて、おかあさんの とった えものを たべはじめます。一年ぐらい たつと、おかあさんや なかまが するのを 見て、えものの とりかたを おぼえます。そして、じぶんで えものを つかまえて たべるように なります。

◎「線を引くことができたら、ロイロノートのベン図にまとめましょう。」

◎「ベン図をグループの人と交流しましょう。」

※ロイロノートの共有機能を活用することで、クラス全員の考えをすぐに知ることができます。

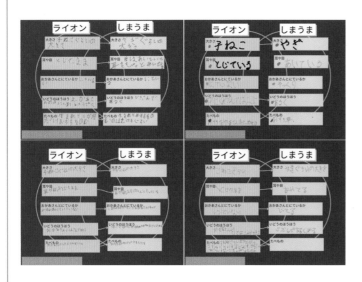

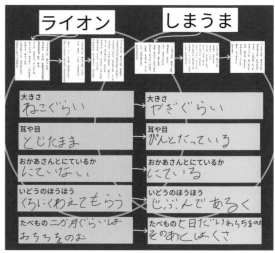

3. カンガルーの赤ちゃんの特徴を読み取る

◎「カンガルーの赤ちゃんについて教科書に線を引き、ロイロノートにまとめましょう。」

□「カンガルーの赤ちゃんの耳や目はどうなっているかな。」

◎「ライオン、しまうま、カンガルーを比べて、気づいたことやわかることをノートに書きましょう。」

※ライオン、しまうまと同様に、観点を意識して線を引きまとめるようにします。

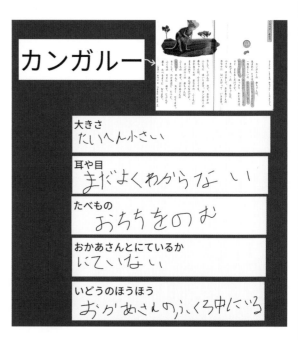

4. 自分の興味のある動物を図鑑から一つ選び，まとめる

◎「図鑑から自分の好きな動物を選び，その赤ちゃんの特徴に線を引きましょう。」

□「ペンギンにしようかな。」

「キツネの赤ちゃんの大きさはここに書いてあるよ。」

「写真を見ると，お母さんに似ていることがわかるね。」

◎「線を引いたら，ロイロノートにまとめましょう。」

・必要なページを写真に撮り，写真に線を引きながら読み取ります。

・これまでの観点を意識してまとめるようにします。

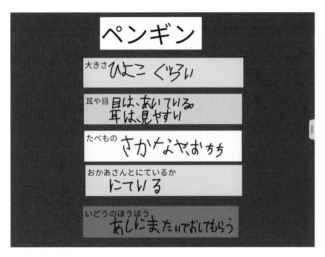 

※複数の図鑑から必要部分のみ写真を撮っておき，ロイロノートを活用して配布すると，クラス全員が同時に図鑑を見ることができます。

※ロイロノートの共有機能を活用することで，同じ動物を選んだ人の考えをすぐに見て，活用することができます。

【低学年1人1台端末のクラウド活用のポイント】

　低学年（特に1年生）では，「教科書に線を引く」「教科書から抜き出す」「考えを修正する」「考えを共有して友達の考えを知る」といった学習の基本的なことから活用することができます。特に，友達（クラス全員）の考えを活用し自分の考えに活かすということは，クラウドを活用するととてもやりやすくなります。

編著者からのひとこと

　教科書の読み取りを色分けしたり，手書きして文章構成を確認したりしながら，クラウド上で比較させ，理解を深めています。「1年生はどうやって情報端末を使って授業をするのか」という質問が非常に多い中で参考になる実践です。

（佐藤和紀）

色分けワークシートで説明文の構造をつかむ！
「うみのかくれんぼブック」で主体的・対話的に学ぶ

1年	国語	OS：Windows OS	岡山県備前市立香登小学校
		ツール：SKYMENU Class（発表ノート）	津下 哲也

　説明文単元「うみのかくれんぼ（光村図書）」の実践。「なにが」「どこに」「どのように」について，教科書から読み取ったことを，ワークシート上に色分けされたワークシート（SKYMENU Class 発表ノート）に整理することで，重要な語句を選び出すとともに，説明文の構造をつかむ。さらにその雛形を活用し，自分が考えた「かくれんぼブック」を作って紹介し合うことで，主体的・対話的な学びにつなげる。

ねらい

● **教科のねらい**
- 文章の中の重要な語や文を考えて選び出すことができる。（思考・判断・表現）
- 事柄の順序などを考えながら，内容の大体を捉えることができる。（思考・判断・表現）
- 事柄の順序など情報と情報との関係について理解することができる。（知識・技能）

● **情報活用能力育成のねらい**
- 身近なところから様々な情報を収集し，情報を組み合わせて表現することができる。

単元計画

1．学習の見通しをもつ（2時間）
- 海にはたくさんの生き物がいることを経験や知識をもとに話し合う。
- 「かくれんぼをしらべて，ともだちにしらせよう」という学習課題を確認する。

2．教材文を読む（1時間）
- 最初の「問い」で問われていることを確かめる。
- 3種類の海の生き物が出てくることを確かめる。

3．生き物の隠れ場所と隠れる方法を確かめる（2時間）
- 生き物ごとに「なにが」「どこに」「どのように」隠れているかを読み取りカードに整理して交流する。
- 1文目「海の生き物と隠れ場所」→2文目「体の仕組みや機能」→3文目「隠れる方法」の順で書かれていることに気づく。

◻本時
4．図鑑や科学読み物等から，他の生き物の隠れ方を調べて友達と交流する（2時間）
- 興味をもった生き物について「1 なにが，どこに 2 からだのつくり 3 かくれんぼのしかた」を調べる。
- 調べて見つけたことを，順序を考えてカードに書き，友達と交流する。
- 学習を振り返る。

実践例

<前時までに>

- 次のような発表ノートを教師が作成しておき，児童に配布し，第3時の学習で活用します。
- 左に，教科書の写真をトリミングして貼り付け，右には，色分けされたテキストボックスを配置します。

- 3種類の生き物について，それぞれ色分けされたカードに，「なにが」「どこに」「どのように」かくれているかを整理しながらまとめさせます。
- 1年生なので，タブレットを使った文字入力に慣れる活動として位置づけます。手書きパッドで入力させます。
- 「なにが」「どこに」は文字数が少ないので，文字入力の練習につながります。
- 「どのように」は入力文字数が多いです。入力経験が少ない場合は，あらかじめいくらか記入済みのシートを配布するなど，児童の実態に合わせて入力する分量を調節します。
- ワークシートを並べて比較することで，どの生き物も同じ順番で説明されていることに気付かせます。
- 色分けされているので，説明の順序が一定であることに，児童は一目で気づくことができます。
- その後，教科書を「文の数」と「説明されている内容の順序」の視点から読み取ることで，1文目「海の生き物と隠れ場所」→2文目「体の仕組みや機能」→3文目「隠れる方法」の順で書かれていることをおさえます。

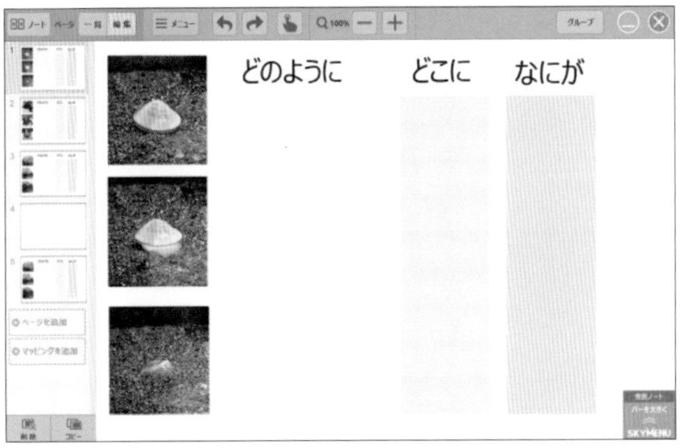

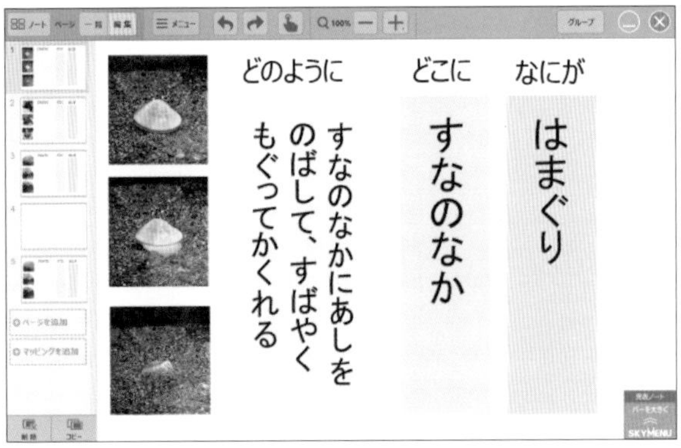

◇本時（2時間）

- グループに1冊程度の図鑑や本をあらかじめ用意しておきます。
- 児童が授業で記入するための雛形ワークシートをつくっておきます。「生き物の名前と隠れる場所」「体の仕組みや機能」「隠れる方法」の順に色分けしておきます。教師が例文を書いておき，完成のイメージがもてるようにします。本によっては，体の仕組みや機能の読み取りが難しいものもあるので，その場合は，ワークシート②を使います。

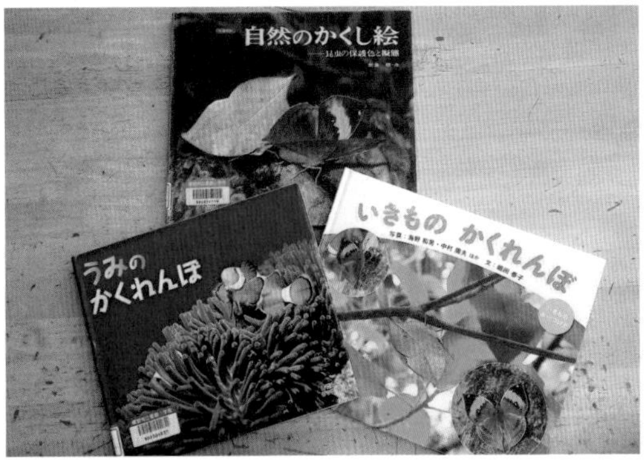

左：『うみの かくれんぼ』監修／サンシャイン水族館 写真提供／ネイチャー・プロダクションほか 発行／ひさかたチャイルド
中央奥：『自然のかくし絵 昆虫の保護色と擬態』作／矢島 稔 発行／偕成社
右：『いきもの かくれんぼ』文／嶋田 泰子 写真／海野 和男，中村 庸夫，他 発行／童心社

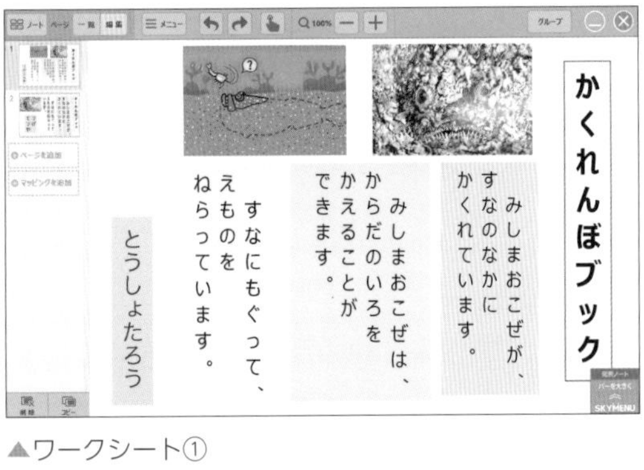

▲ワークシート①

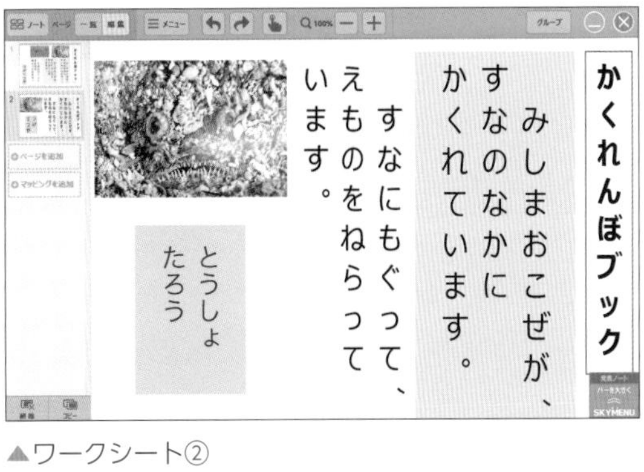

▲ワークシート②

▶導入

教師:「『うみのかくれんぼ』に出てきた3つの生き物の他にも，かくれんぼをしている海の生き物はいるでしょうか？」

児童:「他にもいると思う。石の間に魚がかくれていると思う。」

教師:「かくれんぼしている生き物をさらに探し，かくれんぼブックを作って，友達に紹介しましょう。」

▶展開

教師:「ここに，生き物のかくれんぼについての本や図鑑を用意しています。この中から，みんなに紹介したい生き物を探しましょう。」

児童:「見てみて！ カラフルな生き物がかくれているよ！」

児童:「この葉っぱのところに，こんちゅうがいるよ！」

児童:「ほんとだ！ すごい！」

教師:「生き物が決まったら，発表ノートを使ってブックを作ります。タブレットを自分の席にもってきて，電源を入れ，ログインをしましょう。」

- 教師は「授業開始」を押して，全員に配布できるようにします。
- 児童に雛形ワークシートを配布します。発表ノートの雛形ワークシートを，配布欄にドラッグすると配布することができます。

教師:「まず，生き物の写真をタブレットで撮影して，発表ノートにはりつけましょう。」

教師:「次に，ピンク色のカードに，生き物の名前と隠れている場所を書きましょう。青色のカードには，体のつくりや特徴を書きます。黄色のカードには，隠れ方を書きましょう。体のつくりや特徴がよく分からない場合，青色のカードは書かなくてもよいです。」

- 机間指導を行い，正しい場所に正しい内容を書くことができているかを確認します。
- 友達同士で教え合いながら，ワークシートに記入する姿が見られました。

▶まとめ

教師:「調べた生き物を，お互いに発表し合いましょう。まずは，グループで，自分が作ったブックを発表しましょう。」

- 自分が作った作品を嬉しそうに発表する姿が見られました。

教師:「次に，みんなの前で発表します。自分の作ったブックをみんなに伝えたい人は手を挙げましょう。」

- たくさんの児童が手を挙げて，発表を希望しました。数人を指名し，時間内に発表させました。
- 画面共有機能を使って児童の画面を共有した後，代表児童の作品を拡大表示し，全員に見えるようにして発表させました。

・児童の作品例を紹介します。

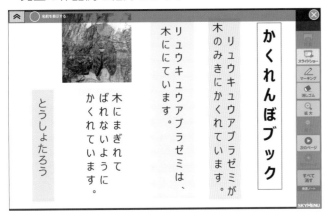
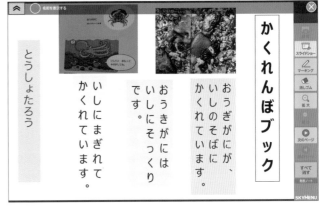
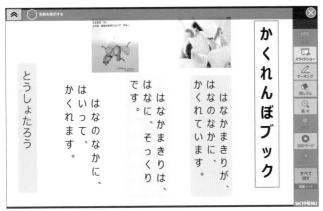
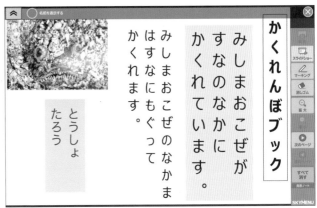

【低学年1人1台端末のクラウド活用の効果】

　授業用ワークシートの作成・配布・回収が容易にできます。拡大や縮小，色分けなど，児童が理解をするための細やかな支援ができます。写真撮影，トリミング，文字入力などは，1年生でも可能です。本実践のように，自分が見つけた面白さを友達と共有する活動をすることで，主体的・対話的な授業となります。単元前半では，タブレット端末を用いて説明文の読み取りを行うことで，基礎的な内容の習得に活用でき，また，単元後半の活用型の学習にタブレット端末を活用することで，深い学びにつながります。

編著者からのひとこと

　写真と関連付けてオブジェクトを作成し，説明文から読み取ったことを入力し，操作的に試行錯誤して関連付けていく際に，クラウドを活用して共有し，共通することを見いだしていく中で概念化を図っています。教科の資質・能力を上手に育成している実践です。

(佐藤和紀)

じぶんだけの「いきものずかん」をつくろう！

1年	国語	OS：Chrome OS	兵庫県姫路市立豊富小中学校
		ツール：Google Classroom, Canvas	山本 三世志　花折 了介

　「いきものずかんをつくろう」を学習のゴールに設定し，自分が選択した生き物について調べ，教材文から学んだことを生かしてまとめる。また，自分の作った図鑑を使ってプレゼンテーションを行う。
　タブレット型端末は，ウェブサイトをもとに視覚的な情報を中心とした収集に活用し，1人1台端末で情報にアクセスする経験値を高めるとともに，検索するスキルの基礎を培う。

ねらい

●教科のねらい
　説明的文章「うみのかくれんぼ」の読みを通して身につけた重要な言葉や文を考えて選び出す技能を活用し，友達に紹介したい生き物について調べ，資料からおおまかな内容を捉えて相手に伝えることができる。

●情報活用能力育成のねらい
- 生き物の図鑑やウェブサイトを調べ，自分が選んだ生き物についての情報を選別することができる。
- 調べる過程で得た情報を事柄の順序に気をつけて整理し，相手意識を持って学級の児童に伝えること。

単元計画

1. **課題をつかみ，学習の見通しを持つ（1時間）**
   - 「かくれんぼ」という言葉から想起することを出し合うとともに，電子黒板に海で暮らす生き物の写真を大きく提示し，体の特徴や隠れ方など，不思議に感じたことについて自由に出し合う。
   - ここでは，「いきものずかんをつくる」という学習のゴールを伝えることで，知的好奇心を喚起するとともに情報活用の動機づけを行い，主体的な調べ学習へとつなげていく。

2. **教材文の事例から文章構成を学ぶ（2〜5時間）**
   - 生き物・場所・体の特徴・隠れ方を共通の視点とし，教材文から「はまぐり」「たこ」「もくずしょい」の事例を読み，「何が」「どこに」「どのように」隠れているかをまとめるとともに，教材文の文章構成（問い - 答え - 答え - 答え）を知る。

3. **調べたことをもとに「いきものずかん」を作成し，プレゼンテーションする（6〜8時間）**
   - 自分が調べた生き物について，教材文で学習したことを生かし，学校図書館の図鑑やウェブサイトを活用ながら調べ学習を進める。
   - 調べたことを「いきものずかん」にまとめるとともに，電子黒板に投影して発表し，意見を交流する。

実践例

1．実践の背景

本校では，義務教育9年間を通して，「調べる」をキーワードにICTや学校図書館等の環境を活用した情報活用能力の育成を推進しています。1人1台のタブレット型端末（Chromebook）は2020（令和2）年9月14日に整備が完了し，日常的な活用を目指した取り組みを進めています。本実践は，整備完了後，間もない第1学年の9月中旬に行いました。この時，すでに感染症対策の分散登校中に少人数を生かし，共用端末を使った自分のアカウントによる活用を経験していたため，ログインや基本的な操作にとまどうことなく学習を進めることができました。1人1台のタブレット型端末を道具として活用することで，紙媒体や共用端末を使う時と比べて児童がアクセスできる情報や表現の幅が大きく広がりました。

教員：「Classroomに図鑑を送っているよ。届いているかな」
児童：「うん，届いてる！」
教員：「（電子黒板で提示しながら）画面の右上の「よみがなをつける」をクリックしてください。上に「あなたは何年生？」とあります。1・2年生を選んでくださいね。」
児童：「あ，漢字の読み方が出てきた！」「読みやすいね。」
教員：「（提示しながら）この部分を「タブ」といいます。今回は「動物」のタブを選びましょう。」
児童：「たくさんあるね」「〇〇は，のっているかな？」

▲「うみのかくれんぼ」を調べている様子

▲発表の様子

2．タブレット型端末活用の様子

　児童は1人1台のタブレット型端末を活用し，ウェブサイト上の図鑑（Yahoo！きっず 動物図鑑・ふりがな機能有り）と学校図書館の図鑑を使って自分の調べたい動物を選択。画像を大きくしたり小さくしたりしながら生き物の特徴を観察し，教材文で学んだ読みを生かし，必要な情報を抽出していきました。また，調べる活動にあたっては，図鑑の選書や資料の読み取りに際して学校司書も支援を行いました。なお，このサイトの URL は各学級の Classroom を使って配付する方法をとりました。

　多くの鮮明な画像を手軽に確認できることや自分が特に観察したい場所を大きく焦点化できること，グループ内で端末を持ち運び見せ合いながら学習内容を共有するなど，タブレット型端末ならではの活用を楽しむ様子が印象的でした。

　完成した図鑑は，情報活用のサイクル「調べる・まとめる・伝える」の一環として，教材提示機で拡大し，電子黒板に提示しながら発表し意見を交流しました。1人1台タブレットの活用とともに端末を使わない状態（アンプラグド）との組み合わせにより学び方の基礎を培っていきたいと思います。

▲ 「海のいきもの」に関する書籍（学校司書による選書）

3．学びのつながり

　この国語科で学んだ「調べ方」は，生活科で調べる活動をした中でも生きて働き，虫や動物・昔遊びについて調べた際は，ほとんど説明や指示をしなくても，学習を進めることができました。また，Classroom 上の情報（サイトの URL 等）はクラウド経由で自由にアクセスできます。学校だけでなく，家庭で保護者と一緒にサイトを見たり休み時間に他の生き物や植物等について調べたりする児童が見られるなど，好奇心の種が芽吹き，より主体的に学ぶ態度へとつながる姿も見られました。なお，３学期の学習では，調べたことをまとめる際に描画アプリ（Canvas）を用いて絵を描き，鉛筆で文を書く活動を取り入れました。Canvas で描いた絵は Classroom を使って自分で提出。教員といっしょに電子黒板でお互いの絵を共有しました。撮影した写真だけでなく，自分の表現したものをクラウド上に保存して活用する経験は同時編集・協働作業の素地になると考えています。

▲Canvas活用の様子

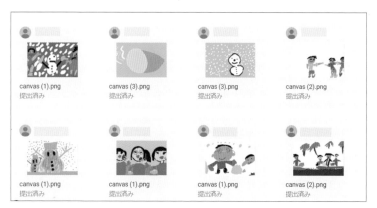
▲Canvas提出

【低学年１人１台端末のクラウド活用のポイント】

　文字入力が難しい段階では，何でも自由に検索するのではなく，意図した情報を教員から提示し，その範囲の中で「自分で調べきること」ができた経験を積み重ねたいと思います。なお，本実践の中で，「自分で字をうちたい」「ローマ字を使いたい」との声があり，教室にローマ字表を用意すると，児童たちはキーボード入力にチャレンジし始めました。「低学年だから文字入力，特にローマ字入力はできない」と決めつけるのではなく，段階を踏まえながら情報活用能力としての基礎スキルを培っていきたいです。

　そして何より，端末やアカウントを日常的に活用することを通して，多様な情報にアクセスできる・表現の幅が拡がる・時間や空間を超える・編集や加工が容易であるといった，クラウドならではの機能を児童自身が体感することが大切です。

編著者からのひとこと

　文中の「低学年だから文字入力はできないと決めつけるのではなく……」が印象的です。文字入力だけではなく，児童に試行錯誤させてみることの大切さがわかる実践です。さらに，クラウドで情報共有することで，図鑑を閲覧する人が増え，児童の課題に取り組む意欲が向上しています。

（堀田博史）

みのまわりから「かたち」をさがしてなかまわけしよう！

1年	算数	OS：Windows OS	栃木県壬生町立睦小学校
		ツール：Google Jamboard	内山 拓弥

　本時は，立体図形の学習の素地となる形への経験を豊かにする習熟的な学習として位置づけた。まず，学習した形をペアで身の回りから探し，1人1台端末で撮影した。次に，撮影してきた写真を仲間分けする活動を設定した。この2つの活動を行うことで，身の回りにある物の形に親しみ，授業で学んだことのよさを感じながら学ぶことをねらいとした。

ねらい

●教科のねらい
　立体図形の理解の基礎となる経験を重ねて感覚を豊かにし，具体物を用いて形を作ったり分解したりすることができるとともに，形の特徴を捉えたり，形の構成について考えたりする力を身に付ける。また，身の回りにある物の形に親しみ，算数で学んだことのよさや楽しさを感じながら学ぶ態度を養う。

●情報活用能力育成のねらい
- 端末のカメラ機能を用いて，伝えたい情報に応じて写真を撮影できる。
- 表示された情報の中から，目的にあった情報を取捨選択できる。

単元計画

1．立体図形に親しむ
- 空き箱や空き缶を積んだり重ねたりして，作りたい乗り物や建物などを決め，それらを作る。
- 作る過程を通じて，立体図形の概形や特徴を捉える。

2．箱などの身の回りの具体物の概形や特徴，機能を理解する
- いろいろな形のものを積んだり転がしたりして，立体図形の機能や特徴を調べる。
- 調べてわかったことを発表し，共有する。

3. 立体図形の特徴を捉えて分類する

- 前時までの活動を通してわかった形の特徴や機能をもとに，立体図形を分類する。

4. 面の形の特徴を捉える

- 教科書の写真を見て，どの箱の，どの面を写し取ったものかを話し合う。
- 立体図形の面の形を生かした絵をかき，発表し合う。

🔷本時

5. 身の回りにある形を撮影し，仲間分けをする

- 学習した形を身の回りから探して写真に撮る。
- 撮影した形を面の形に着目して仲間分けする。

実践例

▶ 導入：身の回りから「かたち」をさがそう

- これまでいろいろなものの形を学習してきましたね。どんな形がありましたか？
- 身の回りから，これまで学習したものの形をさがして，写真に撮ってきてください。

(児童の様子)

「これは，筒の形だね。」「大きさは違うけど，どちらも筒の形だね。」

「ちゃんと筒の形に見えるように写真を撮ろう。少し上から撮るといいよ！」

　ペアで校舎内から学習したものの形を探させます。お互い話し合ったり相談したりしながら安心感をもって活動することができます。また，これまで学習したことを振り返って「これはどうかな？」「こっちにもあるよ」「箱の形は……」と話し合う姿も見られました。

（指導のポイント）

　カメラ機能はすぐに使うことができますが，対象をどの角度から撮るとよいのかを児童に考えさせることが大切です。例えば，テレビは正面から見ると長方形ですが，横から見ると違う形になります。そこで，できるだけ立体的に撮影するように声を掛けます。

＜端末を使うメリット＞
・1人1台端末を活用することで，自分たちで探したものの形を自分たちのカメラで撮ることができます。
・持ち運びができないものでもカメラで撮影すれば残すことが可能です。

▶展開：形を分類しよう
・みんなが撮ってきたものの形を使って，仲間分けをしましょう。
・みんなが撮ってきたものの形を先生が Jamboard に貼り付けました。
・最初のページでは箱の形だと思うものを丸で囲んでください。次のページではボールの形だと思うものを丸で囲んでください。

（児童の様子）
「箱の形はこれだ！」
「これが，ボールの形だから……。写真だとちょっと違う形に見えるけど，きっと，これかな。」

（指導のポイント）

　問題を解く際には，単に仲間分けをして答え合わせをするのではなく，仲間分けをする時に「迷ったものの形はないか？」と問いかけ，迷ったものの形とその理由について学級全体で話し合いました。こうした話し合う活動を通して既習事項を想起したり形の概念について理解を深めたりすることができます。また，子どもたちは形をさまざまな角度から見ることの必要性に気づくことができます。

　今回の学習を行うにあたり，予め操作に慣れさせるために Jamboard のペン機能や消しゴム機能を使って「真っ直ぐな線」「くねくねの線」「三角」「丸」をかかせるとスムーズに活動に入ることができます。

＜端末を使うメリット＞

- 友達が撮った写真をクラス全員で共有することができます。
- ものの形を分類するときに，何度も試みることができます。（消しゴムで破れたり，汚れたりすることがありません）
- 端末に自分が分類した結果を蓄積することができます。後日，見直すこともできます。

▶まとめ：答えを確認しよう

- 答えを確認しましょう。箱の形はどれですか？
- 前の端末にかき込んでください。
- 今日のまとめをしましょう。
- 今日はどんな学習をしましたか？ 感想を教えてください。

（児童の様子）

「もっとたくさんの形を探して，仲間分けしてみたいです。」

「家の中にも似た形があったよ。探してみたら楽しそう！」

【低学年1人1台端末のクラウド活用のポイント】

- カメラ機能で撮影したり，画像に手書き入力でかき込んだりすることは1年生も十分に可能です。しかし，撮影した写真をフォルダにまとめることは練習が必要です。そこで，フォルダにまとめる作業は担任が行いました。このように，低学年では児童の実態に応じて，子どもに任せることと担任が行うことを区別しておくことが大切です。
- データを蓄積しておくことで学習の振り返りにも使えます。今回の授業でいえば，身の回りから見つけたものの形の写真，形を分類したJamboardの履歴などが蓄積できます。単元の終わりや学期の終わりにこれまでの学びを振り返る際，有効に活用できます。

［編著者からのひとこと］

　端末を使って，教科書で学んだことと身の回りをうまく結びつけています。カメラで撮影することで持ち運べないものでもクラスで共有することが可能となります。また，先生の足場掛けの工夫が参考になります。

（三井一希）

つくろう！あそぼう！〜みんなでたのしいおもちゃづくり〜

1年	生活	OS：Chrome OS ツール：ロイロノート・スクール	戸田市立戸田第二小学校 守谷 美咲

　自分の考えを伝えたり共有したりする活動において，「ロイロノート・スクール」を1人1台端末で活用した。ロイロノートを使うことで，言葉だけでなく写真も交えてカードにできるため考えをまとめやすく，視覚的にもわかりやすくなる。1年生でも簡単に，直感的な操作ができることから，自分の考えを意欲的に伝えていこうとすることが期待できる。

ねらい

●教科のねらい
　秋の自然を見つけたり遊んだりする活動を通して，秋の自然の様子や季節の変化，それを利用した遊びの面白さに気付くとともに，自分の生活を楽しくしたり，みんなと楽しみながら遊びを創り出したりすることができるようにする。

●情報活用能力育成のねらい
　カードに書いた情報から，自分に必要な情報を取捨選択し，次の活動への見通しを持つ。

単元計画

1．秋を探そう
- 校庭で秋を見つける。
- 夏と秋でどんな変化があったのか考える。
- 秋のものを使って遊ぶ。
- どんなおもちゃができるか考える。

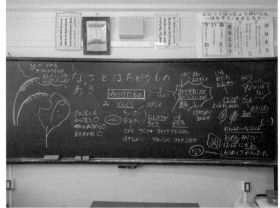

2．秋のおもちゃをつくって遊ぼう
- おもちゃの完成までの計画を立てる。（○本時）
- 集めた材料を使って，おもちゃを製作する。
- 作ったおもちゃを見せ合う。
- 試行錯誤しながら，おもちゃを改良する。
- 作ったおもちゃで遊ぶ。

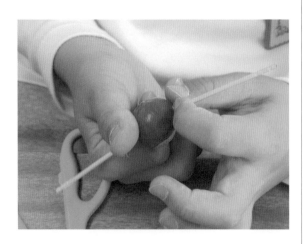

3. おもちゃパーティーをひらこう

- これまでの活動を振り返り，新たな学習課題を設定する。
- みんなと遊ぶ上で必要な工夫について考える。
- 自分のおもちゃを改良する。
- パーティーを開く。
- 単元全体を通じての自身や互いの成長を振り返る。

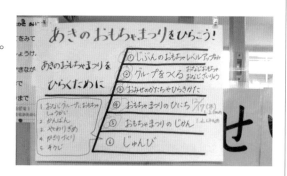

◇本時

おもちゃの完成までの計画を立てる

- 自分が作りたいおもちゃを作るために必要なことをカードにまとめる。
- カードを入れかえたり，つないだりしながら，完成までの順番を考える。
- 提出箱に集められた内容を見合い，計画を共有する。

実践例

- カードに文字を書くことができる。
- カードをつなげ，1つにすることができる。
- 画面の配信，共有ができる。

▶導入：ロイロノートで「カード」を作ってみよう

教師：「今日はロイロノートを使って，作りたいおもちゃの計画を立ててみましょう。」

児童：「どういう風に計画を立てるの？」

教師：「そうだね。では一緒にやっていきましょう。

　　　まずは，左の「テキスト」からピンクのカードを選んでみましょう。」

教師：「ペンで自分が作りたいおもちゃを書いてみましょう。」

ロイロノート・スクール

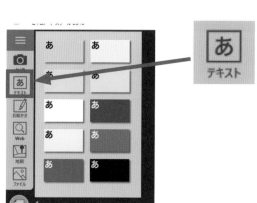

▶展開：おもちゃを作るために必要なことを考えよう

教師：「次は，そのおもちゃを作るために必要なことを考えてカードに書いてみよう。使うカードは緑です。」

児童：「どんぐりをたくさん集めたいな。」「つくり方を調べたい。」

教師：「たくさんカードに書くことができましたね。
　　　これですぐにおもちゃづくりが始められそうかな。」

児童：「どれからやればいいかわからないよ。」

教師：「そうだよね。どうしたらいいかな。」

児童：「順番を決めればいいと思う。」

教師：「なるほど！ では順番を決めてみよう！ カードを並び替えながら考えてみましょう。」

児童：「うーん，悩むなあ。」「決まった！」

教師：「並び替えたカードを一つにまとめてみましょう。
　　　左上の黄色の矢印をつなげたいカードに引っ張るとつながりますよ。」

児童：「できました！ みんなはどんな計画を立てたのか知りたいな。」

教師：「では，まずは近くの友だちに計画の紹介をしてみましょう。」

児童：「図書室でつくり方を調べたいと思ったので入れました。」

児童：「それいいね。わたしにも必要かも。」

メリット
・簡単に文字の修正ができる。
・カードの並び替えがスムーズ
　で情報が整理しやすい。

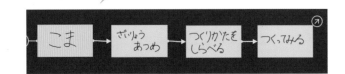

▶まとめ：自分の考えをみんなに紹介しよう

教師：「自分で立てた計画をみんなにも紹介してみましょう。
　　　カードを「おもちゃづくりのけいかく」という提出箱に提出してください。」

教師：「全部のカードを「提出」にスライドさせると提出できます。」

児童：「できた！」

児童：「同じおもちゃの人がいる！」

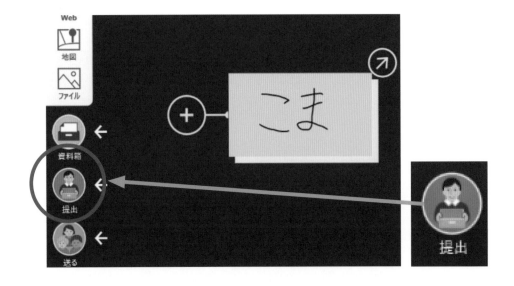

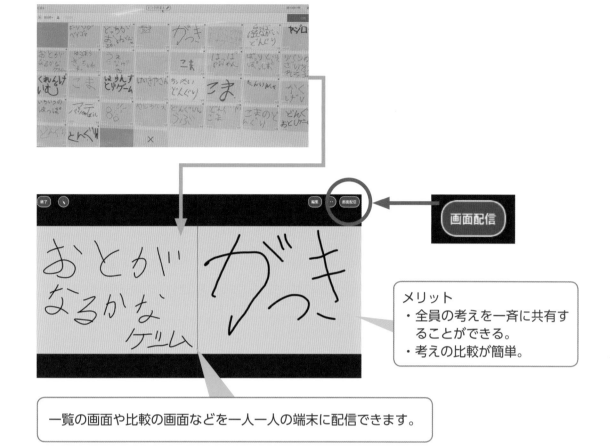

画面配信

メリット
・全員の考えを一斉に共有することができる。
・考えの比較が簡単。

一覧の画面や比較の画面などを一人一人の端末に配信できます。

教師：「似ているおもちゃを考えている人がいますね。どんな計画を立てたのか聞いてみましょう。」

児童：「どんぐりを使った楽器を作りたいです。まずは材料を集めて，そのあとつくり方を調べたいと思っています。」

教師：「友達の計画を聞いて，自分の計画にも入れたいことはありましたか。」

児童：「ありました！ 変えたいところもあります。」

教師：「では，もう一度自分の計画を見直してみましょう。」

【低学年１人１台端末のクラウド活用のポイント】

カードに言葉を書く際は，まずは単語のみで表すようにし，段階的に文章にするなどすると活動しやすく，自分の考えを表しやすいと感じます。また，カードの精選や言葉の表し方に目を向け，価値付けていくことが大切だと思います。

身の回りに当たり前のように端末がある昨今ですので，扱う前には「遊びの道具」ではなく，「学びの道具」という意識付けも必要であると考えます。

 他教科・他学年との関連
国語「知らせたいな見せたいな」ものの特徴を見つけ，文章を構成する場面で活用できます。
図工「鑑賞」の場面でも同様に活用できます。

編著者からのひとこと

手書き入力を用いたり，操作が簡単なアプリケーションを使ったりすることで思考が邪魔されずに本来の学習目標に迫ることが可能となります。本事例のように，児童の実態に応じてアプリケーションの選択を適切に行うことが大切です。

（三井一希）

あきとあそぼう！　〜あきのおもちゃづくり〜

1年	生活	OS：Chrome OS	千葉県印西市立原山小学校
		ツール：ロイロノート・スクール, Google Jamboard	渡辺 新一

　自分の知っている「秋」や公園での「秋」見つけから見つけた「秋」を整理する活動において，「ロイロノート・スクール」や「Google Jamboard」を1人1台端末で活用。ロイロノートやJamboardを使うことで，簡単にまた深い思考をしながら，自分の考えを整理できる。さらに，友達の考えも自らのChromebookを活用して共有化でき，意欲的に取り組むことができた。1年生からChromebookに触れることにより，成長過程におけるChromebook活用の幅の広がりが期待できる。

ねらい

●**教科のねらい**
　身近な秋と関わりながら遊ぶことを通して，秋の良さに気づくことができる。
●**情報活用能力育成のねらい**
- 文字を入力したり，静止画を撮影したり，身近なところから様々な情報を収集したりする方法を知る。
- カードを用いて情報を整理する方法を理解する。
- 身近なところから課題に関する様々な情報を収集し，絵や図などを用いて，情報を整理する。
- 情報の概要を捉え，分解・整理し，自分の言葉でまとめることができる。
- 自分の考えをわかりやすく表現することができる。

単元計画

1. **学習計画を立て，学習の見通しを立てる（導入）**
- 公園探検を行い，「あきみつけ」をすることを知る。
- 秋に見られる自然の変化（赤や黄色の落ち葉，どんぐりやまつぼっくり等）や秋そのものをイメージする。
- 自分の考えを1人1台端末で整理したり，発表したりすることを知る。
- 1人1台端末の導入期として「ロイロしりとり」を行い，端末の使い方に慣れ親しませる。

2. **「あき」に対するイメージを，思考ツール「イメージマップ」に表し，「Xチャート」に整理し，Jamboardを使って思考の共有化を図る（展開1及び2）**

3. **公園探検の「あきみつけ」を通して四季の変化に気づき，見つけてきた秋からおもちゃ作りを行う（展開3及び4）**
- 見つけた「あき」（赤や黄色の落ち葉，どんぐり，まつぼっくり，イチョウの実等）から，どんな「おもちゃ」ができるか，教師が用意した「たから箱」から作りたい物を選択し，思考ツール「フィッシュボーン」に考えた材料を整理する。
（作品例：どんぐりごま，でんでんうちわ，まつぼっくりツリー，落ち葉で絵　等）

4. **自分の作りたい物を，改良を加えながら作る（展開5）**

5. **作った物を実演しながら発表する（まとめ）**

6. **作品を友達同士で交換しながら遊ぶ**

> 7．遊びの中から「遊び方」「作り方」等の情報交換を行い，さらに発展的に作成する

実践例

▶導入：ロイロノートでしりとりをしよう

◎「ロイロしりとり」

・ものの名前などの言葉を書き，丸で囲みます。

・後にカードを選び，色を付けたり，選んだカードに言葉（文字）を入力したりします。

※この時点での児童のキーボード操作には困難が多いため，しばらくの間，付属のペンで直書きする，ペン入力を行いました。（直書きした文字が自動で活字変換）

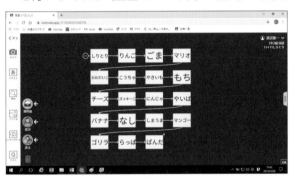

　児童は，Chromebookとロイロノートを使った「しりとり」ができることに驚きを隠せぬ様子で，興奮冷めやらぬ表情で取り組んでいました。カードを選び，好きな色を塗り，言葉を書く作業は，初めて触れる児童にとって難しく思える部分もありますが，それ以上に興味深く関心の高いものでした。

　最初のうちは，「先生！　これはどうやるのですか？」「先生！　ここをこうやっても，動かないのです。」等，いろいろな声がありました。しかし，それもChromebookに触れる時間が多くなればなるほど，児童は様々なことを吸収し担任の指示1つで，ある程度のこと（前回のノートや新しいノートを開いたり，作品を提出したりする等）は，自らできるようになってきました。また，「先生，パソコンで勉強をしたい！」等，1人1台のChromebookを使用する学習に夢中になっていました。

▶展開1：「あき」に対するイメージを思考ツール「イメージマップ」に表し，「Xチャート」で整理する

・児童はこれまで「ロイロしりとり」を楽しみながら行うことで，文字入力の方法を理解することができました。そのスキルを活用して，「イメージマップ」の作成に取り組みました。

　真ん中の「あき」からどんなことがイメージできるか，自分なりに考え，入力していきます。子どもならではの独創的な考え（どんぐりや枯れ葉の他にも，ハロウィンやくりごはんなど行事や季節の食べ物等）が数多く出て，その子なりの幅の広い多様なイメージを表現することができていました。

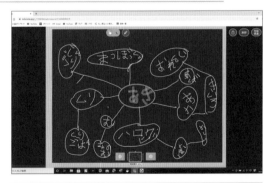

・「あき」のイメージマップをもとに自分のロイロノートの思考ツール「Xチャート」に，「実」「植物」「楽しいこと」「おいしいもの」の4つのカテゴリーで分類させました。

　思考ツールを使い，分類の視点を示すことで，児童は時間の経つのも忘れ，自分の経験をもとに楽しく分類・整理していました。

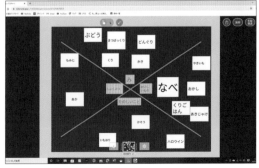

▶**展開2：Jamboardを使って自分の考えを皆に伝え，「あき」のイメージをたしかめよう**

- 「あき」に対するイメージをXチャートに整理したものをもとにして，Jamboard（共有画面上で操作できるアプリ）を使い，それぞれの考えを共有しました。
- Jamboardの背景画像として，Xチャート図を設置し，展開1における4つのカテゴリーでそれぞれの考えを整理できるようにしました。
  児童は共感し納得し合いながら，楽しく分類することができました。また，思考ツールを活用して自分や友達の考えを可視化したことによって，話し合いが活性化し，これまでの経験や見学で得た知識を関連づけながら，情報を整理することができました。
- Jamboardは，グループ内において共有できるようになっているため，従来の付箋と模造紙での情報共有と同じような感覚で学習をすすめることができました。そのため，グループでの話し合いをしながらのJamboard内のカード移動や修正が容易に行えていました。また，児童が，自らの考えに自信をもって発言したり，友達の助言を受けながら整理したりすることができたところがとてもよかったと思います。

▶**展開3：見つけてきた「あき」からどんなおもちゃができるかを「おもちゃ箱」を手がかりに考える**

- 自然に触れる経験の少ない児童が多いため，教師がロイロノートの中に用意した「おもちゃ箱」をヒントにしながら，見つけてきた「あき」から何が作れるかのイメージを膨らませることができるようにしました。そして，そのために何が必要かを考え整理させました。
- 「おもちゃ箱」の中には，子どもたちが興味・関心をもつ物を用意しておいたため，1人1人が中をのぞいた瞬間には「これを作りたい。」「あれを作るぞ。」と思わず意欲に満ちた声があちらこちらから湧きあがっていました。

▶**展開4：たから箱を手がかりに，つくりたいものの材料を考え，**
　　思考ツール「フィッシュボーン」に整理し，おもちゃの設計をする

- 「おもちゃ箱」を参考にして，見つけてきた「あき」を使い，おもちゃを作るにはどんな材料を準備して作ればよいか考え，思考ツール「フィッシュボーン」にまとめました。
- 思考ツール「フィッシュボーン」の頭の部分に「テーマ」を書き，外枠の大骨部分に作りたいおもちゃの名前，中骨の細い部分に，それを作る材料を書くことにより，どんな材料をどのくらい準備すればよいのかなどについてより具体的に思考することができました。
- これらの思考ツールを使うことにより，頭の中にある情報を具体的な形にして書き込むため，児童の考えを可視化・共有化し児童にとって大変わかりやすくなることが最大のメリットとなりました。

【実際に児童が作ったフィッシュボーンの例】

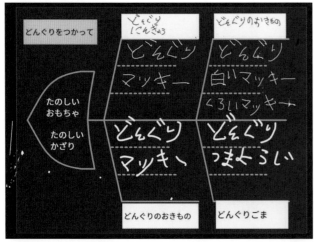

▲児童A

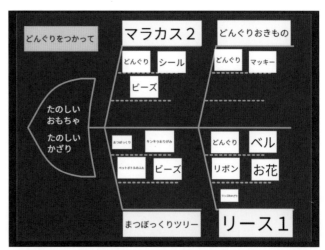

▲児童B

▶ 展開5：設計図をもとに，おもちゃを作る

【児童が実際に作成した作品】 （児童自らがカメラで記録・保存）

▲まつぼっくりけん玉

▲まつぼっくりツリー

▲やじろべえ

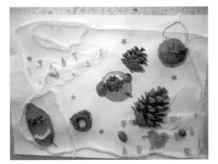
▲すてきな せかい（実や葉で描いた）

▲マラカス

▲でんでんうちわ

▶ まとめ：作った物を実演しながら発表する。またポートフォリオとしてまとめる

- 自分の作った物のどこに「あき」が使われているか，どんなふうにして遊ぶか等，実演をしながら発表します。
- 聞いている人にも遊ばせてあげるようにします。
- 発表後，作成した作品をポートフォリオとしてまとめるために，児童が自らカメラで撮影しGoogle ドライブに保存しました。
- 作品をデジタルのポートフォリオとしてまとめます。

▲まつぼっくりけん玉や，やじろべえを発表する児童

【低学年1人1台端末のクラウド活用のポイント】

- Chromebook の操作に慣れない1年生には，楽しい文脈の中で，基本操作につながる活動の時間を十分に確保することで，楽しさを味わわせながら，便利な文具として使えるよう，価値付けをしていくことが大切です。

▎編著者からのひとこと▏

　Jamboard やロイロノートを用いて思考ツールで観点を示し，見つけた秋を整理して行く中で，イメージを広げたり深めたりしながら秋を概念化させ，おもちゃを設計しています。低学年のうちからクラウドを活用しながら探究的な学習過程を体験させている実践です。

（佐藤和紀）

かくれているいきものをさがせ!! ～はじめてのクラウド活用～

1年	生活	OS：iPadOS	学校法人佐藤栄学園さとえ学園小学校
		ツール：Google ドライブ	山中 昭岳

　生き物を自分たちで捕まえて飼育する単元「しぜんとともだち」において，動機付けや生き物をみつけたり，捕まえたりするときの方法やルールを学ぶ。通常であれば教師からの「○○に気をつけましょう」など一方的な指導となる。しかし，1人1台のタブレット，クラウドの活用により，子どもたち自らが気付き，つくりあげていく学びへと変わっていく，たった1枚の写真からデザインする授業である。

ねらい

●教科のねらい
　「しぜんとともだち」になるためには，人間と同様に自然のことを知ることから始めないといけない。諸感覚を通して自然を知っていくこと，これを「技」とし，諸感覚を使った活動を重ねていくことで「心と体全体で生き物と関わる子」を育てる。

　子どもたちへの具体的なゴールは1学期の間に生き物を捕まえられるようになることである。

　生き物を捕まえることに，「これが正解だ！」というものはない。その場その時で状況が変わり，諸感覚を研ぎ澄ませ，試行錯誤しながら捕まえる工夫を見いだしていく活動となる。

●情報活用能力育成のねらい
　映像をただみるだけではなく，その様子や状況を解釈しながら言葉で表現することができる。

　バーチャル体験（タブレット上での生き物みつけ）とリアル体験（自然での生き物みつけ）をつなげることができる。

単元計画

1. さあ，さんぽにいこう
- 春のことを話し合う。
- 行きたいところやしたいことを出し合う。

2. 四葉のクローバーをみつけよう【みる技】
- どこで見つけたかをマップに記録する。
- マップから気付いたことを話し合う。

3. 色遊びをしよう【みる技】
- 自然にはどんな色があるか出し合う。
- 色鬼ゲームをする。
- 自然の中に多くある色，少ない色を見つける。

4. 触ってみよう【さわる技】
- チクチクしたものを探す。
- ツルツルしたものを探す。
- 触って気持ちよいものを探す。

5. においショップをひらこう【におう技】
- 自然物のにおいを食べ物や様々な商品にたとえ，お店を作る。

- 店員，お客さんに分かれてにおいショップをひらく。

6. 自然の音楽会をひらこう【きく技】
- まわりの音を聞いて言葉で表現する。
- 見つけた音の発表会をする。

7. くわのみをたべよう【あじわう技】
- 色の違う実の味比べをする。
- 食レポをする。

8. わたしはちょうのおかあさん【技のテスト1】
- 複数の技を組み合わせたテストをする。

◯本時
9. かくれているいきものをさがせ!!【技のテスト2】
- タブレットを活用して写真1枚の中にかくれている生き物を探す。

10. いきものをつかまえよう
- 自分たちで決めたルールを守って活動する。

実践例

▶導入：1枚の写真から

教室のテレビはそれほど大きくなく，全体でみるには小さいものです。

ここでは，子どもたちが自らの端末を使わざるを得ない状況へと導くため，わざと教室のテレビに映し出します。また本時は，今まで生活科で培ってきた諸感覚の「技」を確かめる学習をするという意識付けのためのやりとりもします。

教師：「この中に四葉のクローバーがあります。みつけましょう。」
　　　すると，子どもたちからは，
児童：「小さくて見えません。」
と，自分の手元でみながら探したいのです。
教師：「では，みんなのタブレットからこの写真にたどり着いてみましょう。」
教師：「先生の言葉の指示だけでたどりつけるかな？　これってなんの技をつかうのかな？」
児童：「きく技!!」

ここで，クラウドの中に保存されている写真までたどり着くやり方を説明します。

子どもたちはテレビに映し出されているものと同じシロツメクサがたくさんある写真にたどり着きます。みつけるやいなや5分も経たないうちに四葉のクローバーを全員がみつけることができます。

このとき，子どもたちは，今まで鍛えてきた自分たちの【みる技】のすごさを実感するのです。しかし，これは【みる技】の落とし穴なのです。

▶展開：

STAGE 1：自信をなくす

　こうして子どもたちはクラウドの使い方をマスターしました。ここで，もう1枚の写真をクラウド上においておきます。その場所を伝え，写真にたどり着けているかどうかを確認し，クラウドの使い方を習得したと判断できます。

教師：「この写真の中にはある生き物がかくれ
　　　ています。みつけることができるかなぁ。」と挑発するように伝えると，
児童：「かんたん！」
と自信満々です。

　しかし，誰一人としてこの写真の中にいる生き物をみつけることができません。すぐにみつかると思っていた子どもたちは焦り，まわりの友だちと協力しながらタブレットをくっつけ合いながら，これかなぁ，いやちがう，必死に探しています。子どもたちは【みる技】の自信をなくしてしまいます。

STAGE 2：自ら気付き，切実感をもつ

　ここでは，「生き物をみつけるには，諸感覚のすべてを使って探すことが大切だよ」と教師から言われて行動するのではなく，自らその必要性に気付くことをねらいとしています。

　そうして子どもたちは，諸感覚を用いて物事をとらえることは「"みえているんだけどみえないもの"をみえるようにする」ということを実感していくのです。

教師：「みんな，みる技ではみつけられなかったね。どうやったらみつけられるのかな？」
児童：「他の技をつかう！」
教師：「この生き物は先生がみつけたんだけど，じゃあ，何の技をつかったのかな？」
児童：「ぼくは，におう技だと思います。なぜならすっごくにおいがするからです。」
教師：「おお，すっごくいい話し方だね。みんなもこんな言い方ができるといいね。」
児童：「はい。」
教師：「どうぞ。」
児童：「わたしは，きく技だと思います。先生はきっとこの生き物が動いている音をきいたんだと思います。」
教師：「さて，みなさんはどう思いますか？」
　こうしてそれぞれが自分の考えをもち，私の回答を待ちます。
教師：「先生が使った技は……きく技です！」
児童：「わかりました！ 先生は，この生き物の歩いている音をきいたんだ！」
教師：「そうですね，先生は技のプロですから，すべてを使いこなしてどんな生き物でもみつけることができるんです。」

STAGE 3：ともに練り上げる

　子どもたちは，生き物をみつけるためには，みる技だけでなくきく技も必要だとわかりました。個の思考から全体での練り上げへとつなげていくために，少し挑発的な発問をします。
教師：「では次の時間，実際に捕まえにいきましょう！ ただみんなで行って捕まえられるのかな？」

児童：「ちがう！」

教師：「じゃあ，どうすればいいのかな？」

児童：「きく技をつかわなきゃいけないので，ぜったいにしゃべらない！」

児童：「こんな生き物の足音って，とっても静かにしないときこえない。」

児童：「だから，そ〜っと歩かないとダメだよね！」

児童：「近くに行く前から生き物たちに気づかれないようにしないと。」

児童：「いつもどこかへ行くとき，どうしてもしゃべっちゃうから，ぜったいにしゃべらないっていうルールが必要だと思います。」

教師：「なるほど，みんなこのルールでいいかな？」

教師：「あと，もう一つ写真みてくれる？」
といって，3枚目の写真の場所を教えてみてもらいます。

　ここでは，自らで危機管理できるようにする指導となります。

児童：「ああ，ヘビがいる！！」
すぐにみつけてしまいました。

教師：「え?! なんで，すぐにみつけられたの？」

児童：「だって，先生，写真の真ん中に生き物撮っているんだもん。」

　この短時間で子どもたちは私の写真の撮り方の特徴をみつけていたのです。

児童：「ヘビの近くにカナヘビもいるよ。」

児童：「あ，ヘビがカナヘビをねらってるんだ。」

教師：「ということは？」

児童：「捕まえたい生き物がいてもすぐに手を出したら危ない。」

教師：「だったらどうしたらいいの？」

児童：「だから，生き物をみつけてもまわりをみてから捕りに行くようにしないとダメ。」

教師：「次の生き物さがしは，みんなが決めたルールでいこうね。」

【低学年1人1台端末のクラウド活用のポイント】

　小さい頃から，タブレットのようなICT機器は「遊び道具」ではなく，子どもたち自らが「学びに役立つ道具」だと実感することが大切です。本実践のように授業の中で自然な形で利用し，操作についても授業の流れの中で身に付けていく，そしてタブレットは特別なものではなく「空気のような存在」になることをめざしていきましょう。

編著者からのひとこと

　児童は，写真から習得した様々な「技」を活用して，教師からの課題を解決していきます。また，解決の途中で自ら疑問を持ち始めます。このような，スパイラルな学びの積み重なりが，子どもが楽しく学習することにつながっています。

（堀田博史）

たかさをかえてきょくをつくろう

| 1年 | 音楽 | OS：Windows OS，Chrome OS
ツール：Google Chrome，Song Maker | 尼崎市立尼崎北小学校
吉仲 伸隆 |

これまで学習した音の高さやリズムの知識を活かして，楽しみながら曲を作る活動。鑑賞と作曲の往復の中で音楽的な見方・考え方を養っていくことが期待できる。ICT を活用することで，子どもたちは音階を視覚的に理解することができ，技能に依存することなく遊びの中で作曲経験を積み，友達と表現を共有することができる。

ねらい

●**教科のねらい**

　作曲活動を通して，楽しみながら音階に高低差があることを知り，音階が変わることで曲想に大きな変化があることに気付くことができる。

●**情報活用能力育成のねらい**

　タブレット端末の操作の習熟及びブラウザや授業支援システムを活用する力の習熟。

単元計画

1．えをかいておんがくをつくろう

・曲作り遊びをすることを知る。
・Chrome Music Lab の Song Maker を使って，描いた絵が音楽に変化することを楽しむ。

2．「あさがお」のきょくをつくろう

・Song Maker を使って，曲を演奏することができる。

▼

◇本時
3．「かえるのうた」のきょくをしらべよう

・かえるのうたの曲を演奏させることで，曲が３つの音階の山からできていることを知る。
・山の高さを変えることで，曲の感じが変わることを知る。
・一つ一つの音が階段のようにつながることで，曲になっていることを知る。

4．山のたかさをかえてきょくをつくろう

・前時を活かし，旋律の高さやリズム・テンポを変えて作曲することができる。

- 低学年で Song Maker を選ぶメリット
  ブラウザウェアで OS に依存しない。
  キーボード不要。ログイン不要。
  URL リンク共有ができるため，保存・配布ができる。

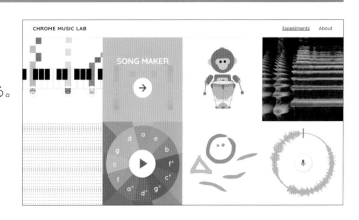

第1時：えをかいておんがくをつくろう

　事前に Song Maker の URL を児童の端末に配布しておきます。「コンピュータを使って絵を描くよ」というだけで盛り上がりますが，「それを音楽にするよ」というと子どもたちは「え，どういうこと？」という顔をします。興味が集中するので，切れないうちにテンポよく説明します。初めですから図工のような感覚で，盤面に絵を描かせます。描き終わったら再生することで絵が音楽になることを楽しみます。なかな

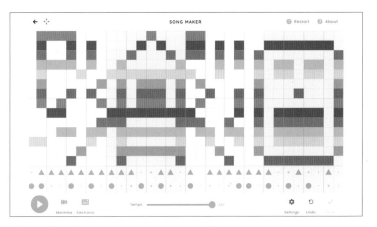

かできない体験ですし，1人1台の端末によって自由に試行錯誤してソフトウェアに親しんでほしいと思います。何度でもやり直していいこと，テンポや楽器を変更することができること，リズムをつけることができることを伝えておきます。初めは恐る恐るですが，勝手がわかると児童は非常に楽しそうに取り組んでくれます。完成すると見て（聴いて？）もらいたくてうずうずしているので，面白い作品はその場で他の児童と共有するといいと思います。

第2時：「あさがお」のきょくをつくろう

　「今日はコンピュータを使って曲を演奏するよ」と言うと，察しのいい子が「ああ，あれね」「できるよ！」という反応を返してきます。教師の画面を教材提示装置に映し，それを見ながら打ち込ませます。楽譜と見比べながら作り，一番下がドの音，そこから上に上がるにつれてドレミの音階の順になっていることを伝えます。コンピュータに打ち込むことで曲を演奏させることができるという体験は，プログラミング学習の観点からも重要な経験だと思います。打ち込

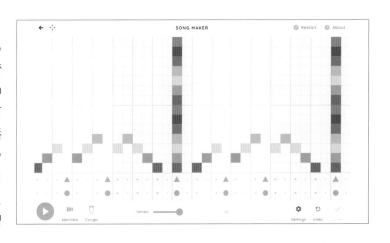

みが完成したら，演奏する楽器を変えたり，テンポを変えたり，リズムを付け加えたり，メロディを付け加えたりして変化を楽しみます。子どもたちから「ちがう曲みたい」という感想を引き出します。

◎第3時（本時）：「かえるのうた」のきょくを しらべよう

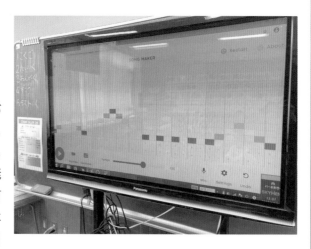

▶導入

　「かえるのうた」は，Song Maker に曲を落とし込むと，山が2つ・道が1つ・山が1つあるように見えます。前時と同じように「かえるのうた」を各自で作らせます。その上で，「どんな形に見えるかな。気付いたことを発表してください」と発問し，曲の特徴をクラスで共有してこの山に気付かせます。私のクラスでは，「山になっている」「階段のようになっている」「山が3つある」「始めと最後の山は同じ高さ」というような意見が出ました。

▶展開

　次に，教師のタブレットを操作し，曲の2つ目の山の高さを1つ目の山と同じ高さになるように変えてから「何が変わったでしょう」と聞き，山の高さが同じになったことに着目させます。「どうなると思う」と言いつつ再生して曲の感じが変わることを例示します。「どんな感じがするかな」と発問すると子どもたちからは「さっきと全然違う」「かえるのうたじゃない」「変だと思う」という意見が出ました。

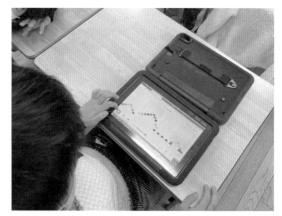

▲操作間違いは机間指導で修正

　ここで，子どもたちにも同じように2つ目の山の高さを変えさせ，曲の感じが変わることを体験させます。この時，山の形がくずれてしまいやすいので，「山はどんな形でしょう」と発問し，もう一度曲の山の形に注目させます。子どもたちからは「階段みたい」「7こでできている」「山の間に1つ開いている」というような意見が出ました。その意見を板書し，ポイントとしておさえます。

　全員ができていることを確認したら，「他の高さだったらどうなるかやってみよう」と言い，時間を取って自分のタブレットの2つ目の山の高さをいろいろな高さに変えて，曲の感じが変わることを体験させます。私は以前旋律遊びで使った音階の掲示物を見せながら，上に行くほど音が高くなることとつなげ，山の高さが変わる＝音の高さが変わるという感覚を視覚的に理解できるようにしました。

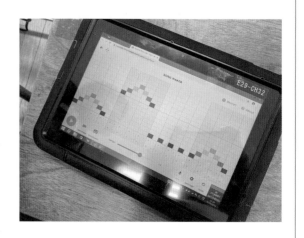

▶まとめ

　授業の振り返りでは，「楽しかった」「高さを変えると全然違う曲になった」「またやってみたい」という感想が出ました。曲に関する振り返りがもっと出てくるような授業にしなければならないと思います。他にも反省点は多々ありさらなる改善が必要ですが，目に見えない音の高低を視覚化と ICT による体験的な学びによって感覚的に理解できる取り組みであったと思います。

第4時：山のたかさをかえてきょくをつくろう

　「かえるのうた」の山の高さを変えたり，音をつけ足したり，リズムをつけ足したりして，自分なりの曲を作って遊びます。

　グループで1台だと，家での経験が豊富な子ばかりが操作することになりがちですが，むしろ家での経験が少ない子にこそ，学校で低学年のうちにICT操作の経験を積ませておきたいところです。1人1台で端末操作にじっくり取り組ませます。

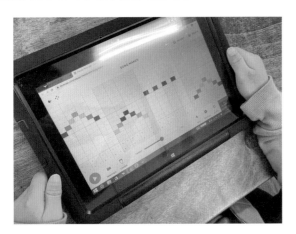

【低学年1人1台端末のクラウド活用のポイント】

　作曲活動は，児童の演奏技能の差や曲の保存の難しさによって授業に取り入れることが難しかったのですが，ICTを活用することで，低学年でも作曲活動とその共有を行うことができました。授業の中でリズム・メロディ・曲想を捉えること等を知識として身につけ，作曲でそれを活用するという学びのスパイラルを生み出し，さらに子どもたちが音楽を学ぶことを楽しんでくれたらと思います。

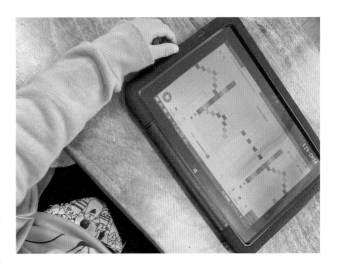

　また，作曲活動は創作であり，図工や作文と同じく，一人で自分の考えを作ることに没頭させることが重要です。1人1台端末利用によって子どもたちは自由に音を鳴らしてみたり書きかえたりして試行錯誤することができ，のびのびと創作活動に打ち込むことができます。その中で経験の少ない子もICT操作に習熟し，中学年以降の活動で発展的にICTを利用することができる土壌を作ります。

　子どもたちに「コンピュータで音楽を作ることができる」という経験をさせておくことで，子どもたちの今後の日常生活の中に新たなひらめきを生むと考えます。

> **編著者からのひとこと**
>
> 　アプリSong Makerを活用した音楽の創作活動です。児童は，1人1台の情報端末で曲づくりに没頭し，ICT操作スキルも自然と身に付いていきます。答えが1つではない創作活動で，作るだけではなく，聴くことで新たな曲のイメージをつくりあげる好事例です。
>
> 　　（堀田博史）

Chromebook の操作を 6 年生に教えてもらって身につけよう

1 年	朝の学習の時間	OS : Chrome OS	山梨県南アルプス市立落合小学校
		ツール：Google Classroom, AutoDraw, キーボー島アドベンチャー	望月 健　山田 真衣

　端末の操作やキーボード打ちなどが全く分からない低学年の子達に，高学年の子達が端末操作やキー打ちの仕方などを伝えていく。子ども同士の対話が自然と生まれたり，高学年 1 人が低学年 1 人に使い方を伝えることができたり，端末操作の習得にそれほど時間もかからずに効率的に伝えることができたりするだけでなく，低学年担任にかかる負担の劇的な軽減が期待できる。

ねらい

●教科のねらい
　低学年の子ども達が，端末に触れ，操作することに楽しさを感じること，それが一番のねらいである。低学年の子ども達が，端末を操作することに「楽しい」「面白い」「またやりたい」と感じ，進んで端末を使おうとする態度を育成することができる。その際に，6 年生に協力してもらうことで，子ども達の協働作業による自然な「教え合い」「学び合い」を期待することもできる。

●情報活用能力育成のねらい
　端末使用において，低学年の子ども達をどうするかは学校での大きな課題の 1 つであるが，低学年の子ども達に端末操作の素地を養い，中高学年時の本格的・積極的な使用につなげていく。

指導計画

　子ども達のマウス操作習得を目指した，今から20年ほど前に作られた多数のサイトを使用。Google Classroomの「資料」に載せておくととても便利です。

1 年	⋮
ぱそこんで　えを　かいてみよう	投稿日：10:01
レベル5　キーボードで　じが　うてるかな？	投稿日：1月14日
レベル4　ぜんぶを　れんしゅう　してみよう	投稿日：1月14日
レベル3　ドラッグアンドドロップを　れん...	投稿日：1月14日
レベル2　ダブルタップを　れんしゅう　し...	投稿日：1月14日
レベル1　タップを　れんしゅう　しよう！	投稿日：1月14日

1．端末を丁寧に持ち運ぼう
　電源キャビネットからの端末の出し入れ。
　自分の番号のものを両手で丁寧に持ち運ぶこと，キャビネットにしまう時は番号のところに電源コードをつけてしまうことを 6 年生と一緒に。1 年生にとってスーパーヒーローの 6 年生がそばに付いてくれて 1 つ 1 つを褒めてくれるので，1 年生もウキウキです。

2．「いつも使うところ」にアクセスしよう
　教師が大型提示装置に映して 6 年生に伝え，その後 1 つ 1 つを 6 年生が 1 年生に示していきます。

　端末を開く→ Google Chrome ブラウザ→画面右上のランチャー→ Google Classroom →授業→ 1 年と本校の場合は辿らせます。

　一度やっておけば，その後指導する担任の先生の負担が軽減できます。

3．タップを練習しよう

　「最初は，トンって押す練習です」と，「クリック（おかし）」を選ばせます。「お菓子の上でトンって軽く押すとね……」とここまで示すと，子ども達は「あー，消えたー！」と大騒ぎ。これだけで，途端にやることを理解します。

　タップ時にカーソルがずれてしまいオブジェクトが消えないということもありますが，横にいる 6 年生が「まっすぐに押すといいよ」と教えてくれるので 1 年生も安心です。

　「もぐらたたき」は 1 年生がやっているのを横で見ていた 6 年生が，「ちょっとオレにやらせて」と 1 年生にお願いするほどの楽しさです。

4．ダブルタップを練習しよう

　「では，今度はさっきのトンからレベルアップして，トトンって押す練習だよ」と，「ダブルクリック（ごちそう）」を選ばせます。これも教師が 1 つ例示を見せるだけで，子ども達はやることを理解します。

　1 年生ですから，中にはゆっくりダブルタップをする子もいます。もちろんそれではオブジェクトが消えません。そういう時こそ，横の 6 年生の出番です。「こうやって，素早く 2 回押すんだよ」と 6 年生が例示すると「すげー」「わかった！」と 1 年生。実際に目で見て，ダブルタップのスピードを学び，身につけることができます。

5．ドラッグアンドドロップを練習しよう

　「これが一番難しい，物を動かすやり方だよ」と「福笑い」を選ばせ，ドラッグアンドドロップのやり方を教えます。

　「右手で 1，左手でも 1 を出してごらん」と両人差し指を出させます。

　「左手の人差し指で，四角の左下をギューします」

　「次に，右手の人差指で，四角の空いているところをなぞって動かします」

　1 つ 1 つをシンプルに伝えていきます。操作が難しい場合

は画面で操作（画面操作対応の場合）しても構いません。

　「福笑い」の「鼻」を上手く動かすことができないと，6年生が「ここを人差し指でおして，反対の指で動かすんだよ」と教えてくれます。面白い福笑いができると，6年生と1年生とで大笑いがおきるほどです。

6．端末に絵を描いてみよう

　Google 提供の「AutoDraw」（オートドロー）を使って，スタイラスペンで絵を描かせます。

　「では，気分を変えて絵を描きましょう」と，AutoDrawを選ばせます。ここも教師が例示します。

　「パソコンのペンで…」と丸を描くと，「あーっ，ペンで描けた！」と驚きの表情。

　「さらにこうやって，簡単なネコを描くと，なんとパソコンが『これ描きたいんじゃない？』っていくつか教えてくれます」と出てきたネコのイラストを選ぶと，「わーっ」と大興奮。子ども達はもう，描きたくて描きたくてウズウズしています。

　スタイラスペンの場所は6年生が教えてくれます。6年生と一緒にお絵かきです。詳しい6年生が，色の替え方や塗りつぶしも教えてくれます。

　姫路市のホームページに「学校のパソコン（Chromebook）を利用するとき」が紹介されていて，その中に「02_学校のパソコン（Chromebook）手書き入力方法」が掲載されています。設定をすると，スタイラスペンを使って手書きで文字を書くことができるようになります。

https://www.city.himeji.lg.jp/manabi/cmsfiles/contents/0000013/13879/02_.pdf

※このURLは2021年3月現在のものです。

7．文字打ちをしてみよう

　これまでの1〜6と比べ，キーボードでの文字打ちは非常にハードルが高いです。こちらは，決して無理をしないようにしましょう。

　6年生が低学年の子ども達に英語教科書を見せてアルファベットに興味をもたせたりすることから始め、低学年の2年間で文字を少し打つことができるようになるくらいで丁度いいと思います。

　以上のサイトへのリンクは、Google ドキュメントにまとめました。必要に応じてご利用ください。

https://docs.google.com/document/d/1Wcf--xRgFFLYVf-0FF1FkkvPHN2AtWB3jFFpYmGGzJo/edit?usp=sharing

【低学年1人1台端末の指導のポイント】

①カーソルを動かす
②タップ
③ダブルタップ
④ドラッグアンドドロップ

　この4つを、子ども達にも担任の先生にも無理なく、子ども達が「楽しい」「面白い」「またやりたい」と感じるように指導していきましょう。端末の持ち運びやキャビネットからの出し入れ、「いつもどこにアクセスすればよいのか」などは、1〜2回やれば子ども達は覚えます。「いつもどこにアクセスすればよいのか」が低学年の子ども達一人でできるということは、

• Chromebook を開く
• カーソルを動かして Google Chrome ブラウザをタップして起動
• ランチャーをタップ、Google Classroom をタップして選択
• 「授業」を選び、トピックの「1年生」へ
• お目当ての「資料」をダブルタップして選択

という、①から④を含めた一連の操作を身につけることができたということです。

　あとは、6年生の補助がなくとも、担任の先生が「教わった通りにやってごらん」の一言で子ども達は操作ができます。朝学習の際に繰り返し行うことで、習熟を図りましょう。

編著者からのひとこと

　1人1台の情報端末が導入されると、先生は様々な苦労があります。特に低学年児童には操作や使い方のルールを指導していくことで、教科の時間が削られていってしまいます。そこを高学年児童が低学年児童へ朝の時間を使って教える活動を行うことで、上手に悩みを解消しています。

(佐藤和紀)

やさいをそだてよう

1・2年	**生活**	OS：Chrome OS ツール：Google Jamboard, Google Classroom

姫路市立莇野小学校
有馬 亜矢

　Chromebook を 1 人 1 台で活用し，野菜の変化や成長の様子を観察や記録する。カメラ機能を使い植物を観察する。成長の様子を画像に収めることで，どこが変化したか，どのように成長したかがわかりやすくなる。また，Jamboard で野菜の成長の様子を記録し，植物の成長の様子を時系列に並べて保存することで，成長の変化に気づくことができる。

ねらい

●教科のねらい
　野菜を種から育て，世話を続ける中で，成長の様子に関心をもち，収穫を楽しむことができるようにする。
　野菜を育てる活動を通して，植物も自分たちと同じように命があることを感じとり，それらを大切にすることができるようにする。

●情報活用能力育成のねらい
　Chromebook で撮影した画像を Jamboard に挿入し，時系列に並べて記録し気づいたことを発表することができる。

単元計画

1．冬野菜の育て方を話し合う
- 1 学期に育てた野菜の成長体験や失敗体験を話し合う。
- 冬野菜（ラディッシュ，大根，白菜，にんじん）を育てることを知る。

2．野菜の種の観察をする
- 野菜の種を観察することで，これからの成長に関心をもたせ，育てていくために必要な物や世話の仕方を話し合う。
- 成長の様子を写真で記録していくことを知る。

3．野菜の種を植えよう
- 野菜によって，種を植える深さや間隔が違うことを知る。

◇本時

4．野菜の世話をしよう

- 間引きをしたり，畑の草抜きをしたりする等，成長に合わせた世話の仕方を知り，大切に世話をする。
- 定期的に野菜の画像を撮り，成長の様子をJamboardやワークシートに記録する。

5．野菜を収穫しよう

- 収穫した野菜を画像に記録する。
- 収穫した野菜の食べ方を考えたり，実際に食べた感想などを交流し，植物も命があることを感じ取る。

6．野菜の世話を振り返ろう

- 児童が各自記録した観察記録から野菜の成長を振り返る。

実践例

- 成長の変化を記録するためにChromebookのカメラ機能を使う。
- Jamboardで野菜の成長記録をつくる。

▶導入：野菜の様子を観察しよう

- カメラ機能を使って野菜の様子を撮影し，観察記録を作っていきましょう。
- カメラ機能をタップし，カメラを立ち上げたら撮影ボタンを押して，野菜の様子を撮影しましょう。
- 成長の変化がわかるように毎回同じ角度で撮影しましょう。
- 記録は画像撮影だけではなく，手触りやにおいなど五感を働かせて観察しましょう。
- 撮影した画像を見てワークシートの絵を描きましょう。細かいところも拡大して見ることができます。

▶展開：Jamboard に成長の記録をしよう

[STEP 1 記録ボードに写真を入力する]

- Classroom を開いて授業のタブをタップしましょう。
- 課題を開きましょう。
  （Jamboard に野菜ごとの記録ボードを教師側で作成した物を Classroom の課題作成機能を使い児童一人ひとりに配布しておく。）
- 野菜ごとに写真を貼り付けていきましょう。
- はじめに「画像を追加」をタップします。

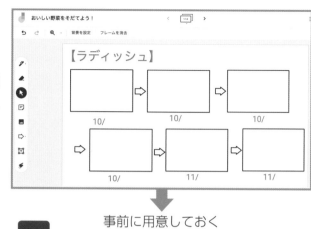

事前に用意しておく

- つぎのファイルの選択で「アップロード」を選択し，撮影した画像を選びタップして記録ボードに貼り付けます。
- 記録の枠に合うように画像の四隅の●を押さえたまま動かして入力した画像のサイズを調整しましょう。

（児童の様子）
「ラディッシュは，根元が紫色になっているよ。」
「この前より，葉っぱが増えている。」

[STEP 2 記録ボードに日付を入力する]

- 日付を入力するテキストボックスをダブルタップします。
- テキストボックスにカーソルが出てきたら，キーボードを使って記録した日の日付を入力しましょう。
- これを繰り返して画像を成長の順に記録していきましょう。

（児童の様子）
「たった1週間なのに，こんなに変わるんだな。」
「ちゃんとお世話したから大きくなったね。」

▶まとめ：野菜の世話を振り返ろう

- Jamboard の成長記録やワークシートでこれまでの野菜の成長や世話を振り返ってみましょう。
- これまでの成長の様子や世話をする中で，不思議に思ったことや感じたことなどについて話し合いましょう。

（児童の様子）

「あんなに小さい種だった大根がどうしてこんなに大きくなったんだろう。」

「大根は葉も大きくなるけど，根っこの方が野菜になるんだな。」

「冬野菜は種を植えたけど，種はどこにできるんだろう。」

【低学年1人1台端末のクラウド活用のポイント】

　畑で栽培している野菜の観察をできるだけ多く行いたいと考え，カメラ機能を用いて撮影し，Jamboard に画像を貼り付けましたが，操作も比較的簡単で，記録はシートに自動保存するため，児童は安心して使用することができます。

　撮った画像は，細かいところも拡大して観察することができます。そのため，ワークシートには成長した葉や茎，花などを焦点化して絵に描くことができ，児童にとって野菜の成長が表現しやすくなります。また，画像を成長と共に並べて記録することで，植物の成長の様子がよくわかります。ただ，画像のみの記録だと野菜の成長が実感しにくいため，低学年児童には五感を働かせて観察したり，絵で記録したりすることが大切です。

編著者からのひとこと

　観察記録に写真を取り入れることで，より詳しく野菜の変化や成長を記録することができます。予め Jamboard に写真を貼り付ける欄と日付を入れる欄を教師が作成しておくことで，児童の負担が減り，活動がスムーズに進みます。

（三井一希）

ともだちといっしょにえをかこう

1・2年	図画工作	OS：Chrome OS	姫路市立莇野小学校
		ツール：Google Jamboard, Google Classroom	有馬 亜矢

絵の表現活動において，Chromebook を1人1台で活用する。Jamboard の描画機能を使い，絵を描く。紙に描くのと違い，何度も修正できるので表現の幅を広げることができる。また，共同編集機能を使って友だちの作品を自由に見たり，友だちと協力して絵を描いたりすることで，絵を描く面白さや楽しさを知り，表したいことや表し方について考えたり，アイデアの発想を広げたりすることができる。

ねらい

●教科のねらい

感じたこと，想像したことから，表したいことを見付け，好きな形や色を選んだり，いろいろな形や色を考えたりしながら，絵に表す活動をすることができる。

友だちの絵を鑑賞することで，友だちの作品の良さや面白さを感じ取ったり，アイデアの発想を広げたりすることができる。

●情報活用能力育成のねらい

Chromebook を使って仲間と作品の共有や協働で作業することで，その楽しさに触れ，表現方法として更に新しい発想を持つことができる。また，他の児童の作品を鑑賞する活動を通して情報モラルに対する意識付けができる。

単元計画

1．Jamboard で絵や模様を描く

- 表したいことを見付け，好きな形や色を選んだり，いろいろな形や色を考えたりする。
- 絵を描く活動を通して，Chromebook の Jamboard の使い方に慣れる。

2．Jamboard で共同編集をする

- 共同編集を利用し，5人で協力して人の顔を完成する。
- グループ毎に「顔（耳）」「目（まゆ）」「はな」「口」「かみのけ」のカードを用意し，引いたカードの絵を Jamboard に描き込む。
- Jamboard で作成した自分たちの作品を鑑賞し，形や色，表し方の面白さや楽しさなどに気付く。

実践例

▶導入：Chromebook で好きな絵を描いてみよう

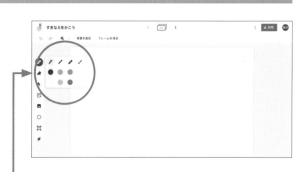

▲消去　　　　　　▲元に戻す

フレームを消去

- Classroom を開いて授業のタブをタップしましょう。
  （画面で決定することを「タップ」と言います。）
- 課題「すきなえをかこう」を開きましょう。
- フレームの選択「＜＞」をして自分の出席番号のページを
  開きましょう。
  （全員の端末と共有しているので，各自決められたページ
  に描かせる。）
- 画面左側のペンのイラストのところをタップしましょう。
- ペンの種類とペンの色が表示されるので，ペンの種類と色
  をそれぞれ選びましょう。
- ホワイトボードに指でいろいろな線を描いてみましょう。
- 描き直したい線があれば，「消去（消しゴムのイラスト）」
  で消すか，元に戻すをタップして戻しましょう。
- 全体を描き直したいときはフレームの消去をタップしては
  じめから描き直しましょう。
- 使い方がわかったら描きたい絵をボードに描いていきまし
  ょう。
- フレームの選択「＜＞」をタップすれば，友だちの作品を自由に見ることができるので見てみましょう。
  （全員の端末と共有することで友だちの作品を見ることができるようにする。）
- 何を描けばよいかまよっている人は，友だちの作品を見てみましょう。
- 友だちの作品には，描かないようにしましょう。

（児童の様子）
「ぼくは魚を描こう。」
「すぐに消せるから間違えても心配ないよ。」
「友だちの作品が見られる。すごいなぁ。」

▶展開1：Tシャツをデザインしよう

- Classroom を開いて授業のタブをタップし，課題「Tシ
  ャツをデザインしよう」を開きましょう。
- フレームの選択「＜＞」をして自分の出席番号のページを
  開きましょう。
  （Jamboard にタイトルとTシャツの型を貼り付けたもの
  を作成しておく。）
- Tシャツに好きな絵や模様をペンで描き込んでいきましょ
  う。

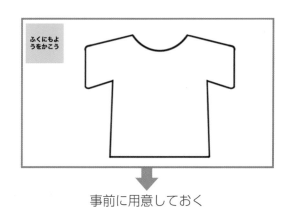

事前に用意しておく

（児童の様子）
「○○さんは水玉にしていてかわいいな。」
「先に色をぬって，あとから消しゴムで消すと，白いもよう
ができるよ。」

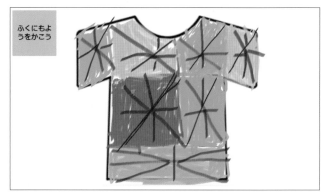

▶展開2：友だちといっしょに絵を描こう

- Classroom を開いて授業のタブをタップし，課題「ともだちといっしょにえをかこう」を開きましょう。
- 5人一組になり，「顔（耳）」「目（まゆ）」「はな」「口」「かみのけ」のカードを各グループで引きましょう。
- フレームの選択「＜＞」をして各グループのページを開きましょう。
- 「顔（耳）」→「目（まゆ）」→「はな」→「口」→「かみのけ」の順に描いていきましょう。

（児童の様子）

「誰かが描いたら自分の Jamboard も同じように変わるんだ。だから Chromebook は回さなくていいんだね。」

「顔は大きく描かないと，目や鼻が描きにくくなってしまう。」

「福笑いみたいだな。」

「どんな髪型にしようかな。」

【グループ1のカード】

1　かお（みみ）	1　め（まゆ）
1　くち	1　はな

1　かみのけ

※ | かみのけ | のカードを | あたまのかたち | や | ひげともよう | にかえ，「うちゅう人」や「おに」，「ねこ」の顔を描く活動も行った。

▶まとめ：自分たちが描いた作品を見てみよう

• Chromebook で描いた自分たちの作品を見て，思ったことや感じたことを伝え合いましょう。

(児童の様子)

「〇〇さんの描いた目は，キラキラしていてかわいかったです。」
「みんなで顔を描いて面白かったよ。」

【低学年１人１台端末のクラウド活用のポイント】

　Jamboard で絵を描くことの利点は２点考えられます。一つは，修正がしやすいことです。画用紙等に描いた絵では容易に消すことができません。Jamboard では，部分的に消したい，もう一度描き直したいなど，児童のニーズに応じた使い方ができます。もう一つは，他の児童と作品を共有できる点があげられます。どの作品も共同編集していたので，友だちがどんな絵を描いているかを見ることができ，絵を描くことと同時に鑑賞も楽しむことが可能になります。「ともだちといっしょにえをかこう」では協働で作業し，グループの顔ができあがっていく様子をそれぞれの端末から見られるので，意欲関心が高まります。さらに，共同編集にすると人の作品にも触れることができるため，人の作品を大切に扱うという意識を育むことができます。

編著者からのひとこと

　デジタルの利点をうまく活用している事例です。これまで友達と一緒に絵を描く場合は，画用紙を回す必要がありました。共同編集機能を使えばその必要はありません。また，描き直しが簡単にできるのはデジタルならではです。

(三井一希)

「うごく絵本を作ろう」

2年	国語・総合	OS：iPadOS	大阪信愛学院小学校
		ツール：ロイロノート・スクール，Viscuit	高橋 脩

　国語の「スイミー（2018 年度実施)」や「スーホの白い馬（2019 年度実施)」を教材として「うごく絵本」を作成した実践事例。「iPad」と「Viscuit」，「ロイロノート・スクール」を組み合わせて使い，順序立てて考える力や言葉から場面や感情を感じたり想像したりする力を深め，さらに児童の表現する力を高めることを目的とした。

ねらい

●教科のねらい

　国語の学習を基に「言葉」から登場人物の行動や場面の様子をより深く感じ想像することが目的である。「登場人物たちの動きや感情が表されている言葉」を正確に捉え，「誰が・いつ・何を」を「順番通りに並べる」こと，コンピュータを使ってそれらを具体化することにより，より深く教材を理解することを目指す。具体化することで他の児童とのイメージの違いも比較しやすくなる。

●情報活用能力育成のねらい

　ICT 機器を使うことで早く簡単にイメージを表現できる。また，表現方法自体も種類が非常に豊富である。将来的にはその場面に適切な表現方法を自ら選択することができるように様々な方法に触れ表現の土台を育成することがねらいである。

単元計画

1．Viscuit の使い方を学ぶ

　• 基本的な操作方法を学ぶ。

2．担当児童を決め，4 コマ漫画で表現する

　• うごく絵本を作り他学年の前で発表することを知る。

　• 場面ごとに担当を決め，主語，述語，心情を表す言葉に注目して抜き出す。

　• 抜き出した言葉を手掛かりに担当箇所を 4 コマ漫画に分解していく。

◇**本時**

3．「Viscuit」を使って動きをつける（アニメーションをつくる）

　• 4 コマ漫画を意識しながら，Viscuit でアニメを作る。

　• iPad の画面録画の機能を使って録画する。

　• 動画をロイロノートに読み込み，提出する。

　• 教員がつなげて「うごく絵本」として完成させる。

4．発表

- 担当箇所の本読みをしながら後ろに作品を提示する。
- 操作（画面の切り替え）も児童が担当し，ICT 機器の今後の活用につなげる。

5．まとめ（観点）

- 自分のイメージを表現。
- 教科書の内容の深い理解。
- 友達の作品を見た感想。
- ICT 機器の操作。

※ Viscuit とは「メガネ」という仕組みを使い，自分で描いた図や絵を簡単に動かすことのできるプログラミングツール。指を使って簡単に絵を描け，その絵をメガネの左右の〇の中に設置して右を少しずらす。
この図だと右の魚が若干前に出ているので画面の魚は少しずつ前に進む。このように簡単に動く絵や図を作ることができるソフトである。

〈授業での提示例〉

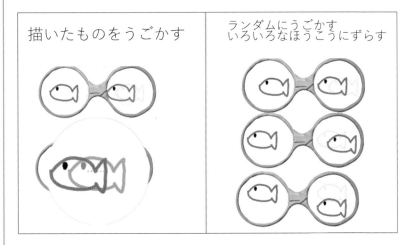

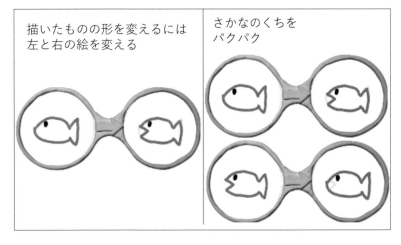

ビスケット活用例交換サイト　https://scrapbox.io/viscuiteducation/　に本事例と共通点のある事例がございますが，本原稿はこのサイトを参考にして書かれたものではございません。

- 4 コマ漫画を基にして Viscuit で動画を作る。
- iPad の画面録画の機能を使ってアニメを録画。
- ロイロノートで提出。
- ロイロノート上で一本の動画にして「うごく絵本」の完成（教員の操作）。

※ Viscuit の作品はインターネット上に保存する形式になっています。授業中に完成しない場合は Viscuit 上の
サーバーで作品を探す必要があります。作成時，日付と作品番号を控えておくと作品を見つけやすいです。

▶導入：Viscuit でアニメを作ろう
　めあての説明や機器の配布。ロイロノートの起動などはこの段
階で一斉に行うと後の提出作業時に便利です。

▶展開１：４コマ漫画からアニメーションへ
　担当箇所に登場する人物（魚など）・場面をイメージしながら，
Viscuit で描いていきます。

教師：「４コマに描いた登場人物はどんな動き（表情）をしている
　　　んだったかな？それぞれの「言葉」を思い出しながらアニ
　　　メを作っていこう。」
児童：「スイミーがマグロから逃げているからすごく速く動くよ
　　　うにする。」
児童：「岩の中に隠れていて岩を押すと出てくるようにする。背
　　　景は黒。」

　段落ごとに班に分けて行ったので終わった児童は同じ班の中
でイメージの共有を行っていました。

▶展開２：画面録画とロイロでの提出・つなぎ合わせ
教師：「（画面を全体に提示しながら）iPad の右端から指をスラ
　　　イドしましょう。録画ボタンが出てきました。」
児童：「こうかな？ 中々出ない……。」
教師：「出ない人は iPad の縁から指を滑らせてみよう。」
児童：「ゆっくりしたらできた！」
教師：「一斉に 10 秒アニメを撮ります。押したらすぐに元の画
　　　面に戻りましょう。せーの！」
全員で 10 秒数えて止める。
注：画面録画の機能は iPad で事前に設定が必要。本授業では 10 秒ほど録画。

教師：「録画したファイルは「写真」アプリの中に保存されるので，ロイロノートへ動画を読み込みましょう。」

2 カードを作る・編集する

① カードを作る

アイコンをタップするとカメラ（写真・動画）、テキスト、Web、地図、
シンキングツールのカードが使えます。

写真・動画　テキスト　Web　地図・衛星写真　ファイル　シンキングツール

教師：「（画面を指しながら）カードの「ファイル」から，「写真」
　　　を選んで自分の動画を選んで使用しよう。」
教師：「カードができたら，ロイロノートの「提出箱」に提出し
　　　ましょう。先生の機械でつなげていきます。」
注：提出されたカードを教師のタブレットで順番につなげます。
つなげる際に前方スクリーンに映すと友達の作品と自分の作品
がつながっている様子がわかって児童のモチベーションが上が
ります。

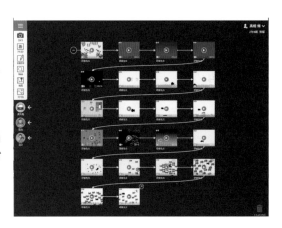

▶まとめ：発表の練習

教師：「全員順番に並び，自分の番が来たら画面の前で本を読みましょう。次の人がアニメの操作をしてあげて
　　　ください。教科書の読み出しとアニメの操作のタイミングをよくみましょう。」
児童：「(iPadの操作をしている児童に) 読んでいい？」
児童：「大丈夫。」

- 声を掛け合いながら作品の鑑賞と発表のための練習を行った (単元外の時間) 後にとったアンケートの中で「本
に書いていないことがわかってよかったです。」「作るのもたのしかったし，主人公のスイミーの気持ちがよく
わかりました。」などの意見がでるなど，物語を深く読むことができました。

【低学年1人1台端末のポイント】

- 1人1台のタブレットがあることで多くの時間を「Viscuit」に使うことができました。
- iPadの録画機能など基本機能を使うことで今後の児童のICT機器の活用に幅を持たせることができます。
- iPadでほとんどの作業を指先で簡単に行えました。あきることなく児童の興味を引きかつ能動的な活動を引
き出せました。

◆編著者からのひとこと

　課題をプログラムにより解決，また目標に近づける実践ですが，1人1台の情報端末があることで活動
がスムーズに進んでいます。個人または友達と思考し，個人で試行する流れに適した実践です。最後に，ロ
イロノートで友達の作品とつなげることで，うごく絵本が完成する好事例です。

(堀田博史)

2年
国語・総合

たからものをしょうかいしよう

2年	国語	OS：Windows OS	大阪市立今里小学校
		ツール：コラボノート EX	篠木 萌

　自分の「たからもの」を友だちに紹介する活動において，タブレット端末1人1台の環境で，協働学習 Web アプリ「コラボノート EX」を活用。「コラボノート EX」を使うことで，簡単に自分の「たからもの」について紹介するページを作成できる。付箋機能を活用することでリアルタイムで友だちが感想を書き込んでいく様子を見ることができ，ページ上で感想を交流することができる。

ねらい

●**教科のねらい**
　話す事柄の順序を考えて，紹介したいことが聞き手に伝わるように話すことができる。

●**情報活用能力育成のねらい**
　手書き入力機能を活用して文字を正しく入力したり，画像を貼り付けたりして簡単なプレゼンテーションにすることができる。

単元計画

1．学習課題を立て，学習の見通しを立てる
- 自分の「たからもの」に関係する出来事や思い出を想起する。
- 教師の発表のモデルを聞き，気づいたことを交流する。
- 「コラボノート EX」で自分の「たからもの」について紹介するページを作成して発表し合うことを知る。

2．話の組み立てに気をつけて文章を考え，プレゼンテーションを作る
- 「たからもの」について具体的に思い浮かべてメモに整理し，話したいことと話の組み立てを考え，文章を書く。
- 各自タブレット端末を自宅に持ち帰りカメラ機能を使い「たからもの」を写真撮影し，撮影できないものについては画用紙に絵を描き撮影する。
- 「コラボノート EX」に写真と紹介文を入力し，「たからもの」について紹介するページを作成する。

3．二人一組で発表の練習をする
- メモをもとに，話し方に気をつけながら発表の練習をして，内容が伝わったか確かめ，よい話し方について考える。

4．声の大きさや話す速さに気をつけて，（みんなの前で）発表する

- 二人一組で練習して気づいたことに気をつけて，聞き手に伝えることを意識しながら発表する。
- 友だちの発表を聞いて，「コラボノート EX」の友だちのページに感想を入力し，質問がある場合はお互いに答える。

◇本時

2．話の組み立てに気をつけて文章を考え，プレゼンテーションを作る

- 「コラボノート EX」に写真と紹介文を入力し，「たからもの」について紹介するページを作成する。

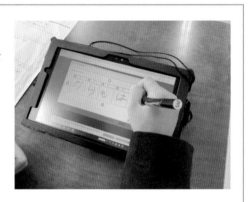

実践例

- ページのもとになる枠は，テンプレート機能を使って，あらかじめ教師が作っておく。
- 一人一枚のページに文字を手書き入力する。
- 自宅で撮影し保存しておいた画像を貼り付ける。

▶導入：コラボノート EX で「たからもの」を紹介するページを作ることを知ろう

- これまでの学習で，自分の「たからもの」について説明する文章を考えられましたね。
- 今日は友だちに「たからもの」を紹介するためのページを作ります。発表を聞く友だちに「たからもの」のことをもっと詳しく知ってもらうために作りましょう。
- 使う Web アプリは「コラボノート EX」です。今から作り方を一通りやってみます。

▶展開：「コラボノート EX」で自分のページを作ってみよう

- （1人1台端末で Microsoft アカウント等がサインインされ，「コラボノート EX」のサイトにアクセスされている前提で）「じゅぎょう中のノート」の中から「たからものをしょうかいしよう」のテンプレートを選んではじめます。

- 左端の「ページ」のバーから，自分の出席番号のページを選びます。
- 自分のページの「たからものの名前」「たからもののせつめい」の枠に文字を入れます。
- 文字を入れる時は，右端の「文字」マークから「テキスト」→「手書きマーク（あ＋えんぴつマーク）」を押します。
- ますに手書きすると文字として入力されます。

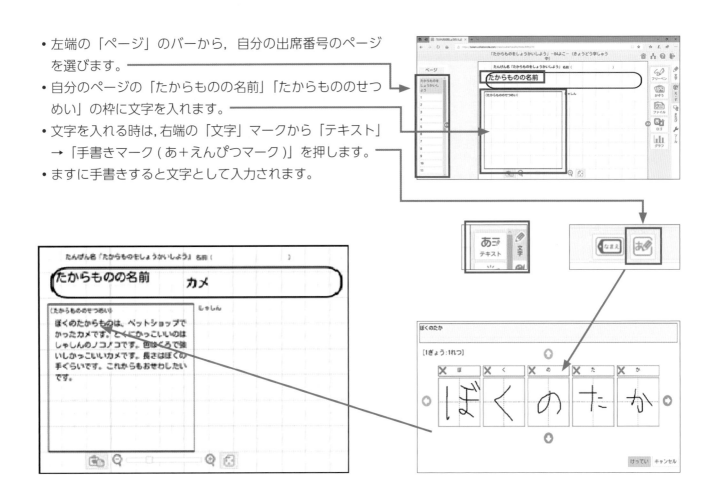

- はじめは「字をきちんと書いているのに，間違えて入力されてしまう。」「間違いの直し方が分からない。」という声も児童から上がっていましたが，タッチペンでは鉛筆よりも軽い力で書き込むこと，書き順を正しくすること，間違えた場合はカーソルを直したい文字の横に持ってくることなどをアドバイスすると，上手く入力できました。
- 右端の「しゃしん」の部分には「え・ず」マークの「がぞう」を押して自分のフォルダから「たからもの」の写真を選んで貼ります。

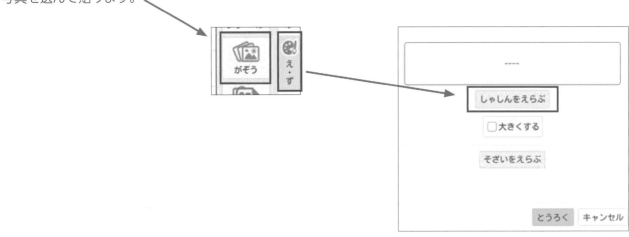

▶まとめ：作ったページを見直そう

- 「たからものの名前」「たからもののせつめい」の枠に文字が入力されているか，書き間違いがないかを確認しましょう。
- 文字の大きさや，写真を入れる場所が正しいかを確認しましょう。
- 児童からは「文字が"たからもののせつめい"の枠の中におさまらない。」という声が聞かれたので，たからものの説明の枠に合わせて横幅を調節することを指導しました。

【番外編 付箋機能について】

- 友だちの発表を聞いた後には，お互いに「ふせん」を使って感想や質問を友だちのページに貼ります。「ふせん」は右端の「文字」マークから，色を選んで書き込むことができます。感想はピンク色の付箋，質問は黄色の付箋というように色を分けると見やすいです。

- 児童は自分のページに感想が書き込まれていくのが嬉しかったようで「○人から感想がもらえた。」「また他の教科でもコラボノートを使って学習したい。」と今後の学習に意欲を見せていました。

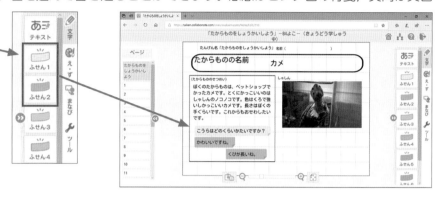

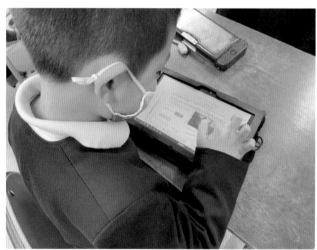

【低学年1人1台端末の「コラボノートEX」活用のポイント】

「コラボノートEX」で文字入力機能を使うときには，あらかじめ文字の大きさや児童が書き込んでもよい範囲，付箋の色などを全体で決めておくことで見やすいページを作ることができます。低学年児童は「コラボノートEX」で作ったページに目がいきがちですが，発表の際に話し手が気をつけることをしっかりおさえます。二人一組で発表の練習をするときには，話し手はみんなに聞こえる声の大きさ，速さを考え聞き手を見て話すことを意識させたいです。

また，校内で使える個人のフォルダを作ることで，ページに画像を貼り付ける際に児童が簡単に自宅から撮影してきた画像を見つけることができます。

編著者からのひとこと

情報端末を家庭に持ち帰り活動（本時は写真撮影）することで，児童は情報端末が授業外での学習にも役立つというイメージがわいてきます。さらに，家庭で撮影した写真がクラウドに保存され，学校でも編集できることで，情報端末の便利さに気づいていく実践です。

(堀田博史)

図形を使ってもようづくりをしよう

2年	算数	OS：Chrome OS	姫路市立莇野小学校
		ツール：Google Jamboard, Google Classroom	藤原 祐貴

算数科「三角形と四角形」の学習において G Suite のアプリである Jamboard を1人1台端末で活用することで，各々が簡単に図形を作成することができる。さらに他の児童の作った作品を共有し，鑑賞することができる。他の作品と比較することで意欲も高まり，さらに他の図形を作ろうという意識づけにもなる。

ねらい

●教科のねらい
　三角形や四角形について，観察を通してその分類や意味を理解し，構成要素を調べたり図形を構成したりすることを通して平面図形の性質やその見方・考え方をとらえさせるとともに，生活や学習に活用しようとする態度を養う。

●情報活用能力育成のねらい
　Jamboard を用いて図形の作成方法やコピー＆ペーストの方法を学ぶとともに，他の児童の作った作品と自分の作品を共有し，比較することができる。また，作品を共有する中で他の児童の作品を尊重しようとする意識を持たせる。

単元計画

1．三角形・四角形について学ぶ
- 三角形と四角形の学習を行い，三角形と四角形の定義を知り，図がかけるようになる。

2．もようを作る学習を行う
- 教科書に付属している直角三角形と四角形（正方形，長方形）のカードを使いもようを作る。
- 様々なもようづくりを通して図形を見つけ，その図形になるわけを説明することができる。
- 事前に紙を使ってもようを作っておくことで端末上で図形を作るときにイメージがしやすくなる。

3．Jamboard を使ってもようを作る

- Jamboard で三角形，四角形を敷き詰めてもようを作る。
- 前時のカードを使った学習を思い出し，もようの中にどんな形があるのか考えながら作っていく。

4．作ったもようの発表を行う

- 他の児童の作ったもようを鑑賞し，もようの作り方やもようを見て気づいたことを話し合う。

実践例

- 児童が個人で作成できる
- 図形の作り方を学べる
- 他の児童の作品が簡単に鑑賞できる
- コピー＆ペーストの方法を学べる

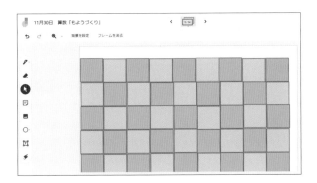
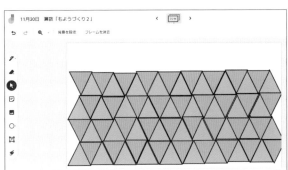

※オンライン環境及び Google アカウントでのサインインが必要です。
　Chromebook 使用のためウェブクラウドのみの編集・保存になります。

▶導入：Jamboard を使ってみよう

- 今から Chromebook を使って「三角形と四角形を使ったもよう」を作っていきます。まずはソフトの使い方を説明します。
- もようづくりには「Jamboard」というアプリを使います。
- 「Classroom（クラスルーム）」にリンクを作っていますのでそこにアクセスしてください。（Classroom を基本のアクセス元としている）
- Jamboard に入れたら次に上真ん中の「＞（フレームを作成)」マークを押します。
そして自分の出席番号＋1 の番号の所に移動してください。(1 枚目は教師用。出席番号 5 番なら 6 枚目のページ)

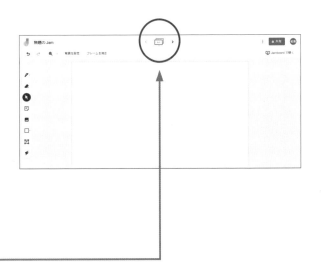

- このホワイトボードに色々な形や文字を書くことができます。
  左側にペンのマークがありますね。それを押して自由に線を書いてみましょう。
- 書いたものを消す場合は左の消しゴムボタンを押したあと消したいところをなぞるか上にある「フレームを消去」を押すことで消すことができます。ただし，「フレームを消去」だと全部消えてしまうので気を付けてください。

※はじめは自由に使わせてアプリの使い方を学ばせましょう。そうすることで以降の活動で指示がしやすくなります。

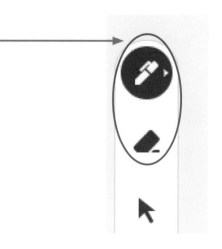

(児童の反応)
「すごく使いやすい。」「字も書ける。」
「〇〇君が面白い絵を描いてる。」

▶展開：図形を書いてみよう

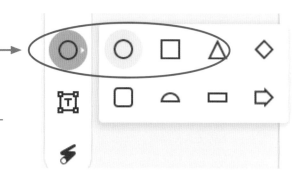

[STEP 1 図形を作ってみよう]
- 左側の〇ボタンを押します。そうすると〇や△，□のマークが出てきます。これを使って図形を書いていきます。

- この図形は触ることで自由に動かすことができます。
  また左上の矢印マークを使えば回転させることもできます。

※ここで四角形や三角形の作り方を押さえておきましょう。スムーズに作れるようになればもようづくりが簡単になります。

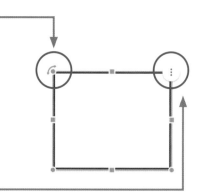

(児童の反応)
「いろんな形がすぐできる。」「形の大きさが自由に変えられる。」

[STEP 2 同じ形をいっぱい作ろう]
- 次に作った形と同じ形をいっぱい作ってみましょう。形の右上に「：」のマークがあります。それを押してください。
- そこに「コピーを作成」というのがあります。それを押すと全く同じ形をいっぱい作ることができます。作った形を増やしてみましょう。

※キー操作でもコピーの作成ができる。【「ctrl + c (コピー)」「ctrl + v (貼り付け)」】
  同じ形を作る方法を学ぶことでもようづくりがやりやすくなります。

(児童の反応)
「同じ形がたくさん作れる。」「いろんな形が簡単に作れて楽しい。」

[STEP 3 もようをつくろう]

- 模様を作ってみましょう。図形を選択すると「フレームの消去」があった場所にペンとインクのマークが出てきます。これを使えば形の色を変えることができます。

- 前の時間にカードで作った形を思い出しながら同じ形を並べてもようを作りましょう。
※図形と図形をなるべくぴったり合わせ隙間ができないようにします。事前に紙でもようを作っておくことで画面上でももようがイメージしやすくなります。

(児童の反応)

「いろいろな色が使えて楽しい。」「隙間なく並べるのは難しい。」「きれいなもようができた。」

▶ まとめ：作ったもようを鑑賞して気づいたことを話し合おう

- 他の児童が作ったもようを見てみましょう。どんな形が見えるか気づいたことを話し合ってみよう。
- 他の児童の作ったもようには触らないようにしましょう。形が変わってしまった時は先生に言うか作った児童に直してもらいましょう。

(児童の反応)

「三角形の中に大きな三角形があります。」「長方形を並べると正方形ができました。」「友達の作品が見やすかった。マネしてみようと思った。」

【低学年 1 人 1 台のクラウド活用のポイント】

　Classroom を活用することで，同じ図形の敷き詰めが容易に作成でき，個人の習熟度による作成時の差が少なくなります。また，児童の作った作品を崩さずそのまま共有することが可能になります。共有することでお互いの作品を比較できるようになり，多種多様な考えを引き出すことができます。また，すべての作品がリアルタイムでクラウドに保存されるため，保存忘れもなくなり，安心して活動に取り組むことができます。

　図形を作る際はあまり正確さにこだわらず，多少ずれてもよいことにしましょう。正確さに時間をかけすぎると目的の図形制作に時間を取れなくなってしまいます。また，低学年はいろいろな形を使いたがるので，もようを作る時間では同じ形の図形を用いて学習の目的がぶれないようにしましょう。

　　編著者からのひとこと

　端末を使わない場合，本時では図形を切り取るのに時間がかかったり，切った図形を紛失したりという課題が生じやすいです。そこをデジタルでうまくカバーしている事例です。また，作成した模様を共有することで学びが深まっています。

(三井一希)

かけ算(2)九九となる問題をつくりXチャートで分類しよう

2年	算数	OS：Chrome OS	印西市立原山小学校
		ツール：ロイロノート・スクール, Google Jamboard, Google ドライブ	村上 八雲

　これまでに，教科等における思考段階において，Google Jamboard やロイロノート・スクールを活用し，思考ツールを用いた情報の整理・分析を行ってきた。本単元においても Google Jamboard やロイロノートを活用することで，九九表を広げていく楽しさや，自分の考えを見直したり新たな考え方を発見したりする工夫につなげていきたい。

ねらい

●教科のねらい

　数量の関係に着目し，乗法について成り立つ性質やきまりを用いて，乗法九九の構成を考え工夫し，表現することができる。

●情報活用能力育成のねらい

・カードを用いて情報を整理する方法を理解する。

・情報の概要を捉え，分解・整理し，自分の言葉で表現することができる。

・相手を意識し，わかりやすく表現することができる。

単元計画

1．6の段，7の段の九九

・課題を確認し，累加や6とび，アレイ図などを用いて，6の段を構成する。

・考えを交流して6の段の九九の構成の仕方についてまとめる。

・6の段を唱え，ロイロノートのカードなどを使って練習する。

・6の段の九九を用いて問題を解決する。

　　（7の段についても同様）

2．8の段，9の段，1の段の九九

　　（8の段，9の段，1の段についても上記と同様）

3．九九のひょうときまり

・九九表を見直し，乗数と積の関係，乗法の交換法則を乗法の性質やきまりとしてまとめる。

・乗法の性質やきまりを活用し，簡単な場合の2位数と1位数の乗法の答えの求め方を考える。

4．ばいとかけ算

・2つのテープの3倍の長さに色を塗り，基準とする長さによって「3倍」の長さが異なることを確認する。

・2つのテープの3倍の長さの求め方を考える。

◇本時

5．もんだい（本時）
- 実際の場面を想定して，乗法九九を総合的に活用した問題づくりをする。

6．まとめ

実践例

▶導入：ロイロノートを用いて本時の問題を知る

- これまでの学習の振り返りをしやすくするために，ロイロノート上では単元を通して同一のノートを用いるようにします。また，子どもたちが，情報端末の操作に時間がとられないようにするため，そのノートに学習の枠組みとなるワークシートカードを送信します。

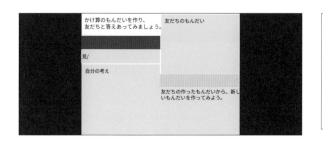

ロイロノートを活用する際には，カードを固定することで子どもたちの誤操作による集中力低下を防ぐことができます。

▶展開１：４，６，７，８の段となるかけ算の問題の作成をする

○これまでに蓄積しているロイロノートのカードを見ながら，「１つ分」「いくつ分」を再確認させ，かけ算の問題作成の見通しを持たせるようにします。

△「かけ算の約束事として，○○×□□になるかな」と発問していきます。

▲「１つ分×いくつ分」「いくつ分×１つ分」の二通りが出てくるため，確認していきます。

○４の段，６の段，７の段，８の段の九九となる問題作成を行います。

- ロイロノートのカード上に，式を立てること，式から図に表すこと，問題文を作るということを行いました。
- 子どもたちの個々の状況に応じて，これまでのかけ算で活用した絵をロイロノートのカードとして個別に送信するなどして，絵を見て式や図を表すことへの支援をしました。
- 文脈や段を変えて，複数の問題を作成するようにしました。

はこの中にせんべいが７まいあります。はこは3こあります。せんべいはなんまいありますか。

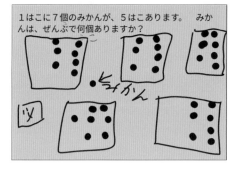

式や図を用いて問題を作成することができました。

73

※本時までに子どもたちは，ロイロノートを活用した学習を他教科でも行っていたので，文や図を作成することやカードを教諭側に提出することなどの基礎的なスキルを身につけていました。そのため，問題作成時にChromebookを使って直接問題を書き込む子どもが多くいましたが，ノートに手書きで書いた問題を撮影し，ロイロノートに貼り付ける方法でもよいことを伝えました。

▶展開2：作成した問題について，グループで確認し分類を行う

○グループに分かれ，作った問題をGoogle Jamboardに貼り付けます。
• 個々がロイロノートに作成したかけ算の問題カードを画面コピーし，Google Jamboardに貼り付け共有します。

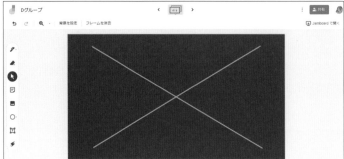

　※Google Jamboardをグループ内の子どもたちが共同編集できるように設定しておき，子どもたちがGoogleドライブからアクセスできるようにしておきました。
　※また，Google JamboardにはXチャート図を背景画像として設定しておきました。

○ Google Jamboardに貼り付けた問題を紹介し合いました。

○友達が作成した問題が，「1つ分」「いくつ分」を考えて作られているかを確認します。
• 友達の考えを聞き，自分の考えと比べながら意見を出すようにしました。

○何の段の問題になるかを話し合い，Xチャートで分類します。そして，その問題を解いて答えを出してみます。
△教師から「作成した問題を貼り付けて終わりではなく，どの九九になるか一枚一枚，確認しましょう。」と指示を行いました。
▲子どもたちは，グループメンバーの作成した問題を貼り付ける作業ではなく，グループ内で問題を共有していく学習であると理解しました。
▲子どもからは，「問題をいくつ貼っていいですか？」という質問も出てきました。
　作成した問題であればいくつでも貼っていいと指示を行いました。

• グループでの話し合い時には，作成した問題の条件が整っているかを確認するとともに，Xチャートを用いて問題の分類を行うようにしました。
　さらに分類する視点は，何の段になるかということにしました。また，Google Jamboardは共同編集が可能な状態にして，問題カードの分類の様子が即時に共有できるようにしました。このように，分類の観点を明確にし，またGoogle Jamboard上で思考ツールを使い，グループ内での即時共有を可能としたことで，話し合いが活発に行われました。

• かけられる数とかける数の構成について，根拠をもって説明することができる子どもも多くいました。
• グループ交流の際，子どもたちは役割分担を決め，活動を行うことができました。役割としては，話し合いリーダーとJamboardを動かす書記とにすることで，スムーズな進行ができていました。
• Jamboardにカードを貼れていない子にも優しく教えていたりする場面も見られました。
• 画用紙に付箋などを貼る学習と同じように行えました。

▶展開3：グループ発表をする

〇グループで共有して確認し合った問題を紹介します。

- グループ交流での話し合いと同じ手順で進めました。
- 代表となるような問題を紹介するようにしました。
- グループが紹介した問題を，クラス全体のGoogle Jamboard に貼り付けて，全員が確認できるようにしました。
  この操作は，教師が行い，発表がスムーズに行われるようにしました。
- 大画面出力を行い，子どもたちが発表を行いました。グループで話し合ったこともともにして，丁寧に説明することができました。

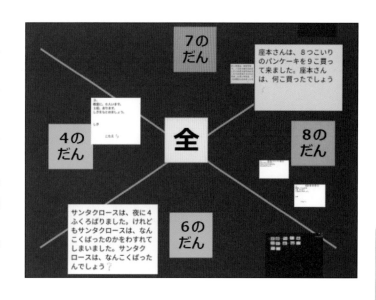

▶まとめ：課題についてまとめる

〇かけ算の問題作成は，「1つ分の数」「いくつ分の数」を捉えることが大切であることをまとめます。

- ものの全体の個数を求める問題づくりの際には，「1つ分の数」に着目し，それをひとまとまりと見てその「いくつ分」と捉えることが大切であることを確認することができました。
- 全体でまとめたことを自分の学習に当てはめ，振り返りをさせました。

【低学年1人1台端末のクラウド活用のポイント】

低学年が使用するにあたり，資料やノートの形態などを準備させることは，時間がかかることや作成できないこともあるため指導者が事前に準備をしておくか，子どもがノートの作成を行えるように指導することが必要であると感じました。情報機器端末の使用においては，基礎的な部分では活動可能ではありますが，ローマ字入力やアプリの使用方法などを，事前に指導したり教員の管理の下で自由に使わせてみることも必要であると考えられました。

本時の授業を振り返り，クラウド活用を行ってもアクティブラーニング的学習を行うことができることや，学習内容を子どもたち一人一人が共有，学習の振り返りなども行いやすいという利点がありました。

◖編著者からのひとこと◗

かけ算の問題を作成し，クラウドを活用しながらグループで作成した問題を持ち寄って，思考ツールで整理分類をすることを通して，かけ算の問題作成には「1つ分の数」「いくつ分の数」を捉えながら性質を深めています。クラウドを活用した教科の資質・能力を育成している実践です。

(佐藤和紀)

身の回りの三角形と四角形を探そう

2年	算数	OS：iPadOS	京都市立桃山南小学校
		ツール：ロイロノート・スクール	久保 咲和佳

　これまで，1人1台iPadを使用し，授業支援アプリ「ロイロノート・スクール」を活用して，ノートや制作物等の写真を撮り，共有したものを児童同士で交流を行ってきた。低学年児童にとって，友達と共有できるという楽しさやそれを基に友達との会話が増し，主体的・対話的な学びになると思われる。また，先生にとっても，共有されたものから提出の確認や理解度を一斉に把握できるため，個別の支援にも役立っている。

ねらい

●教科のねらい
　三角形や四角形について，観察してその分類や意味を理解し，構成要素を調べたり図形を構成したりすることを通して平面図形の性質やその見方・考え方をとらえさせるとともに，生活や学習に活用しようとすることができる。

●情報活用能力育成のねらい
　タブレット端末での写真撮影，及び画像編集等の操作を行い，身近なところから情報を集めることができる。

▲ロイロノートで撮影した写真

単元計画

三角形と四角形
　1．動物のイラストを直線で囲む動作を通して，三角形と四角形の意味を知り，単元の課題をつかむ

　2．三角形と四角形の弁別を行い，それらの構成要素について調べる

◇本時
　3．三角形や四角形を2つに切ること，身の回りから三角形と四角形を見つけることにより，理解を深める

長方形と正方形

　4．かどの形づくりを通して直角の意味を知り，身の回りから直角を見つける

　5．紙を折ることによる長方形づくりを通して，長方形について理解する

　6．長方形の紙を折ることによる正方形の形づくりを通して，正方形について理解する

　7．長方形や正方形の紙を斜めに切ることによる直角三角形の形づくりを通して，直角三角形について理解する

　8．方眼紙を使って，長方形，正方形，直角三角形を作図する

　9．色紙を並べて学習した図形を作ることや，それを敷き詰めた模様から，図形を見つける

実践例

　三角形や四角形を2つに切ることや，身の回りから三角形と四角形を見つけることにより，三角形や四角形についての理解を深める。

▶**導入：三角形を直線で切るとどのような形になるのかを考える**

▶**展開：三角形と四角形を直線で2つに分けてできる形を見つける**

（1）色画用紙の三角形を切ってみて，三角形と四角形，三角形と三角形になることを知る。

・前時で学習した，頂点と辺という用語を復習しました。

（2）四角形は直線で2つにどのように切ると，どの形ができるのかを描画機能を使って考える。

教師：「2つの三角形を作るには，どのように直線を引くといいですか。問題を3枚コピーして，それぞれ，1枚目は赤，2枚目は青，3枚目は緑で線を引きましょう。」

児童：「ずっと指を押さえたまま動かすと線が動く！」「辺から直線を引くと三角形が1つしかできない。」

・描画機能を使うことで，簡単に何度も直線を書いて，試すことができました。

・直線を引くときは，ドロップする位置を決めるためにドラッグしていると，直線が動くので，図形をイメージするのが苦手な児童でも操作を続けることで，三角形や四角形を見つけることができました。

▶まとめ：身の回りの三角形と四角形を探す

教師：「身の回りの三角形と四角形を探しましょう。見つけること
　　　ができたら，写真を撮ります。いくつも見つけましょう。」

児童：「お道具箱の物も撮ってもいいですか。」「黒板とか？」

教師：「はい。では，ここから黒板を撮ったら写りますか。」

児童：「もっと，後ろにさがらなあかんと思う。」

教師：「そうですね。撮るときに近づいたり離れたりして試したり，
　　　向きも色々やってみて，他の人に撮りたい物がわかりやすい
　　　ように撮りましょう。何回も撮り直せるからね。」

- 写真を撮るときに気をつけることを確かめます。人の顔が写る時
　は許可を取ってから撮影するなどの情報モラルについても指導
　します。角度や距離によって，三角形や四角形の見え方が変わる
　ため撮る向きも工夫します。特に，机上に置いたノートなどを撮
　るときは，長方形になるように真上から撮ることに気をつけるよ
　うにします。

- 教室や廊下の三角形や四角形を見つけたものを写真で撮ること
　で，後でみんなに見てもらえると感じ，友達に話しかけるよりも
　次々に身の回りの図形を探して写真を撮っていました。

教師：「タブレットを触らずに，前を向きましょう。次にすることを話します。撮った写真に，三角形か四角形
　　　かがわかるように，辺を書き込みましょう。三角形は赤色，四角形は黄色で，さっきと同じように定規の
　　　マークを押してから書きましょう。」

児童：「黄色ばっかり使う。」「三角形は全然ないな。」「〇〇さん，何個見つけた？」

- 三角形と四角形について理解できたかを確かめるため，描画機能の直線を使って，三角形は赤色，四角形は黄
　色のペンで写真に辺を書き込みます。

- 辺を書き込むときは，直線機能を使うことで，どの児童も指で素早く綺麗な直線を引けました。

教師：「辺を書き込めたら，すべての写真をつなげて，提出箱に
　　　提出しましょう。」

児童：「身の回りの三角形と四角形という名前のところですか。」

教師：「そうです。送った人は，友達の撮ったものを見てみましょう。」

- 共有したことで，友達の画像を見て「あ～そこにもあったか。」，「〇〇くんと同じのを見つけた。」などと自然
　な会話が見られ，対話的な学びへとつながっていました。

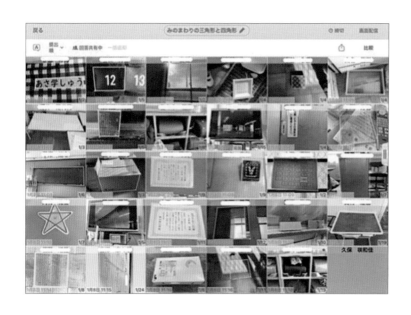

- 児童のふりかえりでは，「身の回りには，四角形の物が多いことがわかった。」や「四角形をたくさん見つけることができた。」，「学校以外のところでも見つけてみたい。」などと，楽しみながら自分たちで学びを実感しているように感じました。

 他教科・他学年との関連
図画工作科
形をとらえ，表現したい形を作成する。

【低学年1人1台端末のクラウド活用のポイント】

- 低学年で教科書の置き方や鉛筆の使い方を指導するように，タブレット端末の置く場所や，操作するときの姿勢などの正しい情報機器の扱い方を日々指導するようにしています。
- 話を聞くときは，人の話を聞く姿勢が自らできるように，手を止めて視線を話す人の方へ向けるように繰り返し指導することで，操作ロックを使わなくても話を聞くことができるようにします。
- 日ごとに，提出先を作成して提出することで，データを児童が間違えて消してしまっても復活させることができて安心です。また，進度も把握できます。
- 目的に応じて活用できるようにペンの色や太さ等も児童自身が色々と操作してみる機会を作りました。一方で，学習の意図に合わせて色を指定すると，児童同士の交流で比較しやすくなります。

編著者からのひとこと

　情報端末の置き方や姿勢，話を聞くときは操作を止めて相手を見る，向くといった学習へ向かうための準備をきちんと指導しています。こうした学習規律は低学年ではもちろん，情報端末を活用する授業において重要な役割を果たします。

(佐藤和紀)

しかくとさんかくをつかっていろいろな形をつくろう

2年	算数	OS：iPadOS	枚方市立東香里小学校
		ツール：東京書籍「新しい算数」デジタルコンテンツ, ロイロノート・スクール	諸岡 聡

　長方形と正方形の単元において，東京書籍「新しい算数」のデジタルコンテンツを1人1台端末で活用。デジタルコンテンツを用いることで図形を視覚的に捉え，辺や頂点の名称をおぼえやすくするとともに，性質を理解しやすくする。また，いろいろな考えをロイロノート・スクールで共有することで学びを深める。

ねらい

●教科のねらい
　平面図形に進んで関わり，図形についての感覚を豊かにしながら，三角形，四角形などの構成要素をとらえ，それらの意味や性質を理解する力を養う。

●情報活用能力育成のねらい
　東京書籍「あたらしい算数」のデジタルコンテンツを用いて図形の構成要素を見つける。
　ロイロノートを用いて，いろいろな考えを共有することで学びを深める。

単元計画

三角形と四角形

◇本時

1．三角形や四角形を使って形づくりをし，平面図形の関心を高める
　• 東京書籍「あたらしい算数」のデジタルコンテンツを使って平面図形の関心を高める。
　• ロイロノートで回答を共有することでいろいろなとき方を知り，考えを深める。

2．三角と四角の形の特徴を調べる
　• 図形の辺や頂点に着目して，前時で使った図形を仲間分けする。
　• 用語「三角形」「四角形」や図形の構成要素「辺」「頂点」を知る。

3．三角形と四角形の特徴をまとめる
　• ロイロノート上で四角形と三角形の図形を配布し，図形の辺や頂点に印をつけたり，文章を書いたりして特徴をまとめる。

教材準備

①東京書籍，「新しい算数 2 年上」目次にある QR コードを読み取り，「デジタルコンテンツ」を開く。

②デジタルコンテンツの URL をコピーする。

③ロイロノートの web カードを開き，検索欄に URL を貼り付け検索する。

④「新しい算数 2 年上」のデジタルコンテンツから「形を作ろう」を選ぶ。

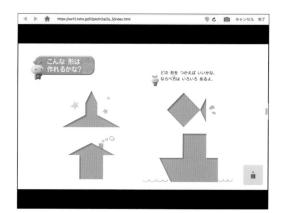

▶ **導入：知っている形を思い出し，本時のめあてをつかむ**

めあて 「しかくとさんかくをつかって，いろいろな形をつくろう。」

▶ **展開：課題に取り組む**

Step1 ロイロノート上で先生から送られてきた課題に取り組む。

【指示】

①四角や三角を使ってロケット，魚，家，船を作りましょう。作ることができたら提出箱に提出しましょう。

②形ができなくて困った時はヒントを押してみましょう。

【児童・授業の様子】

• 児童は，タブレット上で図形を動かすことにとても興味を持って学習していました。「ロケットは簡単にできた。」「家もできた。楽しい。」「絶対全部作る。」など楽しみながら取り組むことで図形に対する学習意欲も高まっていました。

• 以前，同じ単元で教科書巻末の図形を使って学習した際，床に図形を落としてしまう児童や，なくしてしまう児童がいましたが，デジタルコンテンツを使うことでその心配もなく学習することができました。

【タブレット教材を使う意義・メリット】

• デジタルコンテンツを使うことによって，児童が教科書巻末についている図形の教材を切り取る手間がなくなります。

• この単元では何時間かにわたって同じ図形の教材を使わなければなりません。その際，デジタルコンテンツならなくしてしまう心配がありません。

• 教科書巻末の図形教材を使ってロケットや魚などの形を作る際，児童によっては机の上では形を想像することが難しい場合があります。しかし，デジタルコンテンツでは，ロケットや魚の形の台紙やヒント機能がついているので児童の現状にあった学習を行うことができます。

• 提出箱の状況からどの児童が考えられていないか把握できます。

Step 2　答え合わせや回答共有する。

【指示】
提出箱にあるみなさんの考えを見てみましょう。

【発問】
　みんなの考えを比べて何か気づいたことやわかっ
たことを発表しましょう。

- ロケットは作り方が同じです。
- 魚は作り方が違います。
- ○○さんは四角で魚の体を作っているけど，○○
  さんは三角を2つ使っています。
- 魚は作り方が4つあります。

【児童・授業の様子】

- ロイロノートで全員の考え方を共有することで児童は多くの解き方を知ることができました。そして自分も他
  の解き方を試してみたいという学習意欲にもつながっていました。
- 同じ魚でもいろいろな作り方があるとわかりました。
- 今までの授業では，板書用の図形を使って発表させていました。それでは板書用の図形の数によっては，数人
  しか発表することができませんでした。しかしデジタルコンテンツを使うことで多くの児童が発表することが
  できました。

【タブレット教材を使う意義・メリット】

- 通常の授業では，児童全員の考えや解き方を共有
  することが難しかったのですが，ロイロノートを
  使うことによって全員の考えを共有することが
  できます。また比較し，自分の考えを深めやすく
  なります。
- 今までの授業では，板書用の図形を数多く作る必
  要がありましたが，デジタルコンテンツを用いれ
  ばその手間もなくなります。

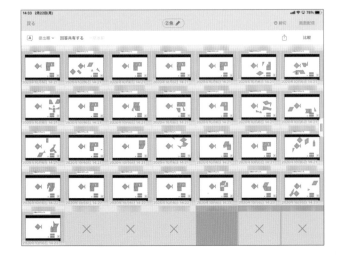

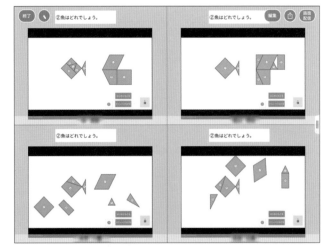

▶まとめ：本時を振り返る

【発問】

今日の学習のふりかえりをしましょう。

・同じ形でもいろいろな作り方があるとわ
かった。

・四角や三角でいろいろな形を作れるとわ
かった。

・三角が 2 つで四角になることがわかっ
た。

・四角は細い四角や太い四角があった。

【児童・授業の様子】

・全員の考え方を共有することによって，
いろいろな考え方（解き方）があること
を強調でき，そのことを発表している児
童が多かったです。

・たくさんの図形を使うことで，三角形と四角形の中でも違う形があることや，三角形を組み合わせることで違
う図形を作ることができることに気付いていました。

【低学年 1 人 1 台端末のクラウド活用のポイント】

東京書籍「新しい算数」デジタルコンテンツとロイロノートを組み合わせることで，教材準備の時間削減や回
答共有での深い学びにつながります。また，デジタルコンテンツで課題を行うとヒント機能もついているので児
童一人ひとりにあったレベルで課題に取り組むことができます。

編著者からのひとこと

三角形と四角形を組み合わせて，日常生活にある様々な形に変化することを楽しむ実践です。友達の作品
も情報共有することで，自分には考え付かない形の発見があり，平面図形にさらに興味がわいていきます。

(堀田博史)

フラッシュカードでめざせ九九はかせ！

栃木県壬生町立睦小学校
本田 純子

2年	**算数**	OS：Windows OS
		ツール：Google Classroom, Google スライド

　かけ算の学習は，２年生の算数の中で大きな位置を占める。そのため，主体的に学習に取り組む態度を育成するためにも，かけ算九九の定着は重要である。本時では，タブレット端末を用いてかけ算九九の習熟を図る活動に取り組んだ。児童にタブレット端末が配付されてから間もないため，実践に当たっては，タブレット端末を活用する際のきまりを確認しながら，効果的に授業で活用できるように配慮した。また，教科のねらいを達成するために，使用場面と使用方法を検討し，児童の学習意欲を高めることができるよう考慮した。

ねらい

●教科のねらい
　乗法の意味や式について理解し，計算することができるとともに，図や式などを用いて計算の仕方を考える力を身に付ける。また，乗法について考えることに進んで関わり，乗法を用いるよさに気づき生活や学習に活用しようとする態度を養う。

●情報活用能力育成のねらい
- 目的に応じてスライドの順番を入れ替えたり，スライドを操作したりできる。
- 相手を意識しながら情報の提示をすることができる。

単元計画

1・2．乗法の意味，乗法の式について理解する
- 絵を見て，それぞれの乗り物に乗っている子どもの人数を調べる。
- 「1つ分の数」「いくつ分」をとらえ，「1つ分の数」と「いくつ分」の関係の場合に乗法が用いられることを知り，乗法の意味を理解する。

3．乗法の式について理解を深める
- 乗り物に乗っている人数をかけ算の式で表現する。
- まとまりになっているものの写真を見て，乗法の式に表す。

4．乗法の答えの求め方を理解する
- 乗法の式から，その場面をおはじきで表す。
- 並んだおはじきを乗法の場面としてとらえ，乗法の式に表す。

5．乗法の式を，具体的な場面と関連づけて用いることができる
- 問題場面から数量の関係をとらえ，立式や答えの求め方について考える。

6．身の回りのものを乗法の式で表すことができる
- 身の回りからかけ算の式になる場面を見いだす。

7・8・9．5の段の九九を構成し，習熟する

10・11・12. 2の段の九九を構成し，習熟する

13・14・15. 3の段の九九を構成し，習熟する

16・17・18. 4の段の九九を構成し，習熟する

19. 乗法の式に合う問題をつくることができる
- かけ算の式で表される問題の式と答えを考え，乗法の式の意味について理解を確かめる。

◇**本時**
20. 学習内容の理解をし，確実に身に付ける
- スライド機能を使って，かけ算九九の唱え方を確認する。

実践例

　「九九はかせ」を目指す，という活動を設定することで児童の興味を引き出しました。単調になりがちなかけ算九九の習熟を図る活動として，「カルタあそび」，「大きい方が勝ち」，「九九ビンゴゲーム」，「計算カード」等の活動をこれまで実施してきました。その一つとして，今回の活動を取り入れました。

▶**導入：学習の見通しをもつ**
- これまでかけ算九九をたくさん練習してきました。
- 今日は，タブレットを使って九九の練習をします。がんばって「九九はかせ」を目指してください。
- 「九九はかせになりたい！がんばるぞ！」
- 今日の勉強で使うものはタブレットです。机の上に置いてありますね。話を聞くときには，手はひざの上に置きます。しっかり聞きましょう。
- タブレットは机の真ん中に置きます。移動するときには，両手でしっかり持ちましょう。

（指導のポイント）
　机上にタブレット端末が置かれていると，タブレットに気がとられてしまいます。そこで，教師が話をしているときはタブレット端末に触れずに話を聞くという約束を確認しました。また，タブレット端末を持って移動するときには，落とさないように気を付けて丁寧に取り扱うことを指導しました。
　このように，タブレット端末の導入初期段階では，活動に移る前に，約束を確認しておきます。

▶展開：フラッシュカードを使って問題を出し合う

• はじめに，個人で九九を練習する時間をとります。

• 一人一人九九を唱えましょう。

• 次に，ペアで九九の問題を出し合います。スライドを使いながら，九九の問題を出していきましょう。問題を出された人は答えを言いましょう。

• 先生がお手本を見せます。

問題　　　「4×5」
答える人　「シゴニジュウ」
段階を追って時間をかけて，ゲーム感覚で見せます。
　習熟度によって，問題を見た瞬間に「20」と答えることができるように工夫しました。

（指導のポイント）

　タブレット端末を用いてフラッシュカードを操作したことがない場合，児童はどのようなことをするのかをイメージすることが難しいです。そこで，教師が代表児童とペアになって手本を見せることで，活動のイメージをもたせることが有効です。活動のイメージをもつことができると，児童は安心して活動に取り組めます。

• では，皆さんもペアで問題を出し合って，「九九はかせ」を目指しましょう。

　児童が問題を出し合っている間，教師は操作に戸惑っている児童の支援や九九の定着具合を見て回りました。

（児童の様子）

- 「3×5は?」「15!」「正解! 次行くね」

正解のときに，ポインター機能で赤い丸を付けている姿も見られました。丸の跡は残らず，次にはきれいなカードのまま問題を出すことができました。

- 「3×9は?」「えーと…24?」「3×8が24だね。3の段は3ずつふえていくから，24の次は…」

ペアで活動を行うことで，「○ずつ増えていくよ」，「かけられる数が○だから」というようなこれまでの既習事項を生かした対話が生まれていました。九九を構成する学習で習得した知識が言語活動として成立する場面が見られました。

＜端末を使うメリット＞

- フラッシュカードの順番を入れ替えたり，数字を変えたりすることが簡単にできます。これにより，九九の上り段，下り段，バラバラ段などが簡単に練習できます。
- デジタルのフラッシュカードであるため保管が簡単にでき，カードを紛失したり机上がぐちゃぐちゃになったりする心配がありません。
- これまでは先生がフラッシュカードを操作する場面が多かったのですが，1人1台端末を使うことで児童が互いに問題を解き合うことができ，主体的な学びを促すことができます。
- かけ算九九の習得に困難がある児童は，スライドの提示が視覚的な支援になります。

▶ まとめ：学習のまとめをする

- 九九はかせになることができましたか。学習を振り返りましょう。
- 「たくさん問題を解いて，正解することができました。」
- 「楽しかったです。もっと練習したいと思いました。」
- 「間違いもあったけれど，友達が教えてくれたので答えの求め方が分かりました。」
- 「自分で九九カードの続きを作って，カードを増やしていきたいです。」
- これからも九九の練習を続けていきましょう。

【低学年1人1台端末のクラウド活用のポイント】

- 鉛筆やはさみのように，タブレット端末は文房具の一つとして，学びのために必要な道具であることを児童に伝えておきます。
- タブレット端末の操作技能は個人差が生じやすいので，できる子ができない子に教えたり，個に応じた支援策を準備しておくことはこれまでどおり重要になってきます。
- フラッシュカードの雛形をGoogleスライドで作成しておくことで，クラウド上で簡単に共有できます。児童は各自の端末に雛形をダウンロードすることで，自由に数字や提示する順番を入れ替えたりすることができます。このように低学年では「足場かけ」を丁寧に行い，つまずきを少なくしていくことがポイントです。

他教科・他学年との関連
算数（全学年）四則演算の習熟の場面で活用できる。

編著者からのひとこと

　これまでは先生がフラッシュカードを操作することが多かったと思います。1人1台端末があることで，児童が主体的にフラッシュカードを操作し，友達と協働的に九九の練習ができます。フラッシュカードはいろいろな教科で応用できます。

(三井一希)

みんなで同時に共同編集 町の様子を伝えよう

2年	生活	OS：iPadOS	新潟大学附属新潟小学校
		ツール：ロイロノート・スクール, Google スライド, Google Classroom	大図 俊哉

　町探検で見付けてきた様々な気付きをまとめていく活動において，iPad のアプリ，ロイロノート・スクールと Google スライドを活用した。ロイロノートでは地図上に写真やテキストを自由に配置し，子ども自身が気付きを関連付けていくことができる。また，Google スライドでは，同じファイルを別々の端末で同時に編集できるので，友達の考えを見ながら新しいアイディアや工夫に気付くことができる。

ねらい

●教科のねらい
　地域の町探検で気付いたことをまとめる活動を通して，身の回りの地域と自分たちの関わりに気付き，身の回りの地域に愛着をもつことができる。

●情報活用能力育成のねらい
　アプリを用いて地図やプレゼンテーションにまとめていく活動を通して，友達と協働して，自分たちの調べたことを相手に分かりやすく伝えられるようにする。

単元計画

1．身の回りの町の様子に関心をもち，町探検に行く
- 学校の周りについて町探検で確かめる学習の見通しをもつ。
- 町探検に行き，紙のメモとともに iPad で写真を撮り，記録していく。

2．町探検で気付いたこと，関わった人々について地図にまとめていく
- ロイロノートを活用し，地図の画像の上に写真やテキストを追加してまとめていく。

©ONE COMPATH 地図データ ©INCREMENT P
※この地図は「マピオン」を加工したものです。

◇本時
3．まとめたことを生かして，プレゼンテーションを共同編集していく
- 自分が一番伝えたいものやこと・人などを決め，グループを作る。
- グループで一つのプレゼンテーションを作成し，伝わりやすくなるよう加除修正を繰り返す。

4．これまでの学習を相手に伝える
- 聞き手に伝わりやすいように発表する。

実践例

[前時までに]
　町探検で気付いたことをロイロノートの地図上にまとめておきます。

　個人で地図をまとめた活動を通して，自分がもっと知りたいエリアやお店，関わりたい人々などを決め，グループに分かれます。そのグループで，さらに調べたり，お店の人にインタビューをしたりして，学習を深めます。その過程で,子どもは「この調べたことを誰かに伝えたい」という思いをもちました。

▶導入：プレゼンテーションでまとめよう
- 町について調べた内容がよく伝わるように，プレゼンテーションにまとめていきましょう。

（指導のポイント）
- 事前に Google スライドを使用して，グループの数スライド型を作成しておきます。その際，「共有」マークから，子どもが共同編集できるようにします。
- その型を Google Classroom で配信します。

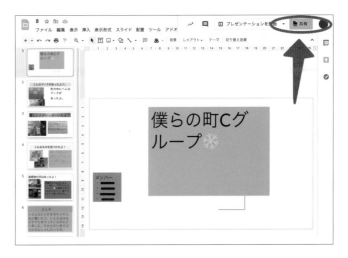

▶展開：共同編集で伝わりやすいプレゼンテーションを作ろう

【STEP1】グループで分担して，スライドを作ろう

（指導のポイント）

- 子どもは，1人1〜2枚のスライドを担当し，グループで6〜8枚のスライドを作成していきます。
- 自分が撮った写真や，テキストボックスなどを自由に配置しながら，見やすく分かりやすいスライドを作成していきます。

（子どもの様子）

児童：「テーマを『こんな建物があったよ』にして，建物を中心にまとめていくよ。」

児童：「私は，お店の人に話を聞いてみたときのことを中心にまとめよう。」

【STEP2】みんなで協力して共同編集しよう

- 町の様子がもっとよく伝わるようにみんなで編集していきましょう。
- 同じグループの人が，どのようにまとめているのか見てみましょう。

（子どもの様子）

児童：「○○の写真がなくて伝わりにくいな。」

児童：「私が持ってるから，私の方から貼り付けするね。」

児童：「A君のスライドを見たけど，お店の人の言葉も入っていて分かりやすいね。真似していい？」

　子ども同士で，友達の作ったスライドを自由に見たり，教え合ったりすることによって，様々なアイディアを共有し，スライドを意欲的に加除修正していく様子が見られました。

▶まとめ：グループの感想をまとめよう

・グループみんなで町の様子についてまとめましょう。

（子どもの様子）

児童：「私はこの町は『豊かで楽しい町』だ
　　　と思ったな。理由は…」

児童：「ぼくは『やさしい人がたくさんいる
　　　町』にする。だって…」

児童：「私は町のことがだんだん大好きにな
　　　りました。もっと知りたいです。」

　同じエリア，同じお店を調べたグループで
も，町に対する感じ方は多様です。自分とは
異なる多様な考えにたくさん触れることによ
り，町に対する考えも深まり，最終的には町
に対する愛着をもつ姿も見られました。

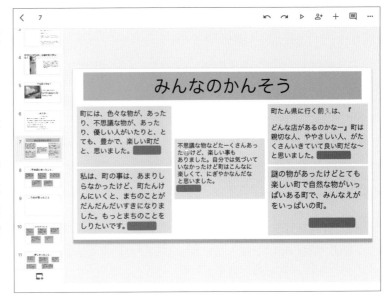

〈端末を使うメリット〉

　1人1台iPadを用いることによって，個人の活動時間が確保できるので，町について個人でじっくり考えた
りまとめたりすることが可能になりました。さらに，友達の考えもリアルタイムで共有することができました。
それにより，子どもは自分の考えと友達の考えを比べながら，様々な視点で町について考えることができたので
す。

【低学年1人1台端末のクラウド活用のポイント】

　1人で行う活動と，グループで協働して行う活動を，繰り返し行うことがポイントです。慣れてくると教師が
指示しなくとも，子ども同士が教え合ったり，見せ合ったりしてよりよい発表にしようと進めていきます。子ど
もが操作で困るときには大きなスクリーンなどで全体に指導することが必要です。

編著者からのひとこと

　地図に気づきを整理していき，プレゼンテーションする中でICTが活用され，バランス良く教科の資質
能力と情報活用能力が育成されている実践です。地図を使うことで3年生の社会科の学習につながっていき，
プレゼンテーションは教科横断的に学習活動を展開するための見方・考え方を育んでいます。

　　（佐藤和紀）

自分が作った「動くおもちゃ」を1年生に分かりやすく説明しよう

2年	生活	OS：iPadOS	宮城県仙台市立錦ケ丘小学校
		ツール：ロイロノート・スクール	小野寺 慧

　動くおもちゃの遊び方を1年生に説明する場面で，授業支援アプリ「ロイロノート・スクール」を1人1台端末で活用した。ロイロノートの機能を使って写真や動画カードをつなげて簡単に分かりやすい動画（プレゼン）を作成することができる。作った動くおもちゃの遊び方を動画（プレゼン）で説明することを通して，おもちゃの動きや遊び方について，新たな気付きを得ることが期待できる。

ねらい

● **教科のねらい**
　身近にあるものを使って，動くおもちゃを作る活動を通して，もっと楽しくなるように遊び方やルールを工夫して作ることができる。
● **情報活用能力育成のねらい**
　「1年生に分かりやすく伝える」という目的を意識したプレゼンテーションができる。

単元計画

1．**学習課題を把握し，学習の見通しを持たせる**
   - 動くおもちゃ作りの活動を振り返り，自分たちのおもちゃを誰かに紹介したいという意欲を持たせる。
   - 自分たちが1年生の頃に2年生にしてもらった「おもちゃ教室」を想起させながら，「だれに」「どのような方法」で紹介したらよいか考えさせる。

> **自分が作ったおもちゃを1年生に紹介する動画（プレゼン）を作ろう。**

   - 動画（プレゼン）は1人1人が授業支援アプリの「ロイロノート」で作成し，1年生にその動画（プレゼン）を見てもらい，楽しく遊んでもらうことが目標になることを知らせる。

2．**自分のおもちゃを動かしながら，どのように遊び方を説明したらよいか考える**
   - おもちゃを動かしながら，説明に必要な事柄を考えさせる。
   - 説明が不足しているメモの例を見て，説明に必要な事柄が落ちていないか考えさせる。
   - よいメモの例を見ながら，説明する事柄の順序を考えさせる。
   - 説明のメモを作らせる。

3．**ロイロノートのカードに遊び方の説明をするために必要な事柄を書かせる**
   - 説明する事柄（①初め：どんな遊びをするか　②中：遊び方・ルール・気を付けること　③終わり：呼び掛け）ごとにロイロノートのカードにメモを書かせる。
   - メモとして書いたカードをロイロノートの「送る」機能を使ってペアで送り合い，読み合わせる。
   - メモとして書いたカードの説明で分かりやすいところや質問し

▲遊び方1

たいところをロイロノートの鉛筆機能の青鉛筆で書き込ませる。
- 書き込んだカードを送り返し，それを見て加筆修正させ，メモを完成させる。

☆本時

4．完成したメモをもとにして，ビデオを撮影して動画（プレゼン）を作成させる
- 完成したメモをもとにしておもちゃのよさや遊び方の説明が伝わるようなビデオを撮影させる。
- 撮影したビデオをロイロノート内でつなげて動画（プレゼン）を作成させる。
- 作成した動画（プレゼン）を友達と見合い，誤りや分かりづらいところがあれば修正させる。

▲遊び方2

5．作った動画（プレゼン）とおもちゃを1年生に紹介させる
- 1年生へおもちゃ遊び教室を開き，動画（プレゼン）を見ながら遊んでもらう。
- 1年生から感想をもらう。
- 動くおもちゃ作りの振り返りをさせる。

実践例

▶導入：メモをもとに動画（プレゼン）を作る方法を知ろう

めあて　1年生に分かりやすい遊び方動画（プレゼン）を作ろう

　教師が作成した動画（プレゼン）を見せ，完成イメージをつかませました。視聴した児童からは，「動き方が分かるようにビデオを撮っているね。」「動画（プレゼン）の中にビデオがあると動くおもちゃの遊び方が分かりやすいね。」「早くやってみたい。」などの反応がありました。完成イメージを見せたことで動画（プレゼン）作りへの意欲を高めることができました。

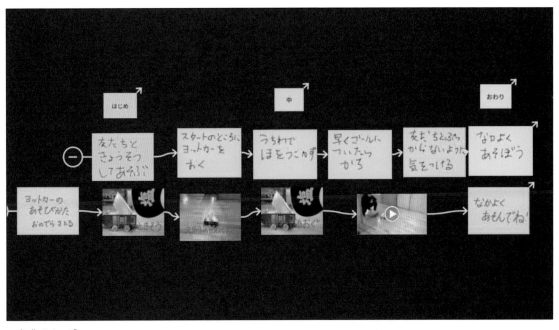
▲完成イメージ

▶ 展開：遊び方が分かるようにビデオを撮影しよう

　自分が作ったおもちゃを使いながら，メモをもとに遊び方が分かるようなビデオの撮影を行いました。一度撮影したビデオを見直しながら，「1年生に分かってもらえるかな。」「僕の考えた説明メモは，1年生に楽しんでもらえないかも。」など伝える相手を意識する様子が見られました。その結果，遊び方やルールを変えてもう一度ビデオを撮影する子もいました。どの子も撮影したビデオのカードをロイロノートでつなぎ合わせ，遊び方の説明を音声録音で挿入することで，流れのある動画（プレゼン）を一旦完成させることができました。

▶ まとめ：完成した動画（プレゼン）を試しに見合おう

　完成した動画（プレゼン）をペアの人に，ロイロノートの「送る」機能を使って送信し，お互い見合いながら修正する機会を設けました。「早く遊びたくなるような動画が撮れているね。」と称賛したり，「1年生にとって説明が分かりづらいところがあるから直した方がいいんじゃないかな。」といった改善点の指摘をしたりする様子が見られました。伝え合った内容をもとに誤りや分かりづらいところを修正し動画（プレゼン）を最終的に完成させることができました。

▲ 遊び方3

▲ ビデオの中に説明を音声録音している様子

▲ 友達の完成した動画（プレゼン）を視聴している様子

【低学年1人1台端末のクラウド活用のポイント】

▶ 動くおもちゃをビデオで伝える

　子どもたちには，実際におもちゃで遊んでいる様子を撮影したものをビデオに入れるように伝えました。動くおもちゃをビデオで説明することによって，動きの面白さや動かし方を分かりやすく伝えることができます。1年生が実際に遊んだ後の感想では，「ビデオがあるので，どうやって遊べばいいか分かりやすかった」と8割の子どもが書いていました。

▶伝える相手を意識させる

　子どもたちが動画（プレゼン）を作成するときに，「1年生に分かりやすく伝える」という目標を設定し，意識を明確にできるように指導しました。そうすることで，おもちゃの遊び方が分かるように友達と撮ったビデオが本当に1年生にも分かりやすいかどうか見合ったり，「もう少し遠くから撮った方が分かりやすいよ。」とアドバイスをしたりしながら，動画（プレゼン）を作成する姿が見られました。子どもたちの事後アンケートでは，「動画（プレゼン）を作るときにどんなことを工夫したか」との問いに，ほとんどの子が，「1年生に分かりやすく伝わるようにビデオを撮った。」と回答していました。「1年生に分かりやすく伝える」という相手意識を持ちながら活動していたことが分かります。

▶動画（プレゼン）作成を遊び方やルールの見直しのきっかけに

　動画（プレゼン）を作成する過程で，もっと楽しくなるように遊び方やルールを見直す姿が見られました。紙コップ鉄砲を作った子どもは，初めは，的を教室の壁に貼った掲示物に当てる遊びを考えていましたが，撮影していた動画（プレゼン）を見ることによってダーツの的のような物に得点を書き，競う遊び方にした方が1年生も楽しめるのではないかと考え変更していました。さらに，撮影した動画（プレゼン）を繰り返し見直すことで，どこから鉄砲を撃つか分かるような立ち位置がないことに気付き，ケンステップのような目印を作成し，動画（プレゼン）の説明に入れていました。このように，動画（プレゼン）を作成することで，もっと楽しくなるように遊び方やルールを見直し工夫する手掛かりをつかむことができました。

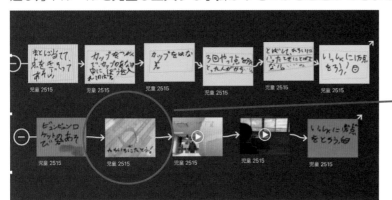 

▲ 「立ち位置にたとう」のカードを追加してもっと楽しくなるようにルールを変えた

編著者からのひとこと

　生活科で作ったおもちゃの説明や使い方の説明を写真や動画でつなぎ合わせ，クラウドを経由して友達に送って，紹介し合ったり，見せ合ったりしています。こうした学習活動の繰り返しによって，少しずつクラウドを理解していきます。

（佐藤和紀）

自分の成長をプレゼンテーションしよう

2年	生活	OS：Windows OS	千葉大学教育学部附属小学校
		ツール：Microsoft Sway	小池 翔太

　これまでの自分について振り返って発表する活動において，プレゼンテーションツール「Microsoft Sway（スウェイ）」を1人1台端末で活用。Swayを使うことで，洗練されたデザインのスライドを簡単に作成できる。自分自身の手でPCを活用して発表することで成長を実感でき，3年生でも意欲的に生活していこうと自信をもつことが期待できる。

ねらい

●**教科のねらい**
　自分の生活や成長を振り返る活動を通して，自分でできるようになったことなどがわかり，支えてくれた人々への感謝の気持ちをもち，これから学習や生活への願いをもって意欲的に生活しようとすることができる。

●**情報活用能力育成のねらい**
　キーボードなどによって文字を正しく入力して，相手を意識してわかりやすく表現することができる。

単元計画

1．学習課題を立て，学習の見通しを立てる
- これまでの生活を振り返り，自分でできるようになったことに気付く。
- 自分の成長を支えてくれた人たちへ，感謝の気持ちを伝える活動をしていく。
- 発表では1人1台端末で「プレゼンテーション」することを知る。

2．今までの自分について調べる
- 1年生や幼稚園や保育園等の頃のことに関心をもつ。
- お世話になった人や家の人などに，自分の成長について
インタビューする。

◇**本時**
3．自分についてまとめる
- Swayを活用してプレゼンテーション資料を作成する。
- お世話になった人への「プレゼント」になるような内容を考える。

4．ありがとうの気持ちを届ける
- お世話になった人への感謝の気持ちを，プレゼンテーションで伝える。

※本実践の掲載写真は，2020年1月ごろに撮影されたものです。

- 一つ一つのカードに文字を入力する
- 画像もかんたんに検索して入れられる
- 自動的に洗練されたデザインにできる
- 画面サイズに合わせてレイアウトされる

　ブラウザ上での編集が可能ですが，学校の Microsoft365 アカウントか Microsoft アカウントでのサインインが必要です。

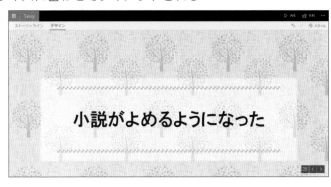

▶導入：Sway で「カード」をつくってみよう

★漢字表記が多いですが，一つ一つのボタンにイラストがあるため，低学年児童でもすぐに理解できます。

教師：「これまでの学習で，自分の成長についてたくさん調べることができましたね。」

教師：「今日からお世話になった人へお礼をするための「プレゼンテーション」資料をつくります。「プレゼンテーション」という言葉は聞いたことがありますか？」

児童：「「プレゼン」っておうちの人が言っていたよ！」

教師：「「プレゼン」はある言葉を縮めたものです。何でしょうか？」

児童：「「プレゼント」かな？」

教師：「そうです。お世話になった人への「プレゼント」だと思って，作っていきましょうね。
「Sway（スウェイ）」というアプリで作っていきます。
今から作り方を一通りやってみます。」

教師：「(1 人 1 台端末で Microsoft アカウント等がサインインされ，Sway のアプリやサイトにアクセスされている前提で)「たし算」の「たす（+）」マーク（新規作成）を押してはじめます。」

教師：「一番初めの「カード」は題名です。どんなことを入力しますか？」

児童：「私は「○○のせいちょう」と自分の名前を入れたいな。」

教師：「次の「カード」を入れる時は，「たす（+）」マークから「見出し 1」を押します。」

教師：「これを繰り返してカードを追加していけば，紙芝居のようなプレゼンテーションの資料が完成します。初めは何を伝えますか？」

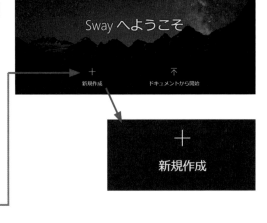

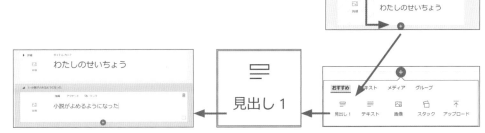

児童：「私は小説が読めるようになったことを一番先に伝えたいな。」

◎このように教師が実際に操作する画面を見せながら説明をしていくことで，児童から「私はなわとびができるようになったことを伝えるよ」「カードを 4 まい作ることができたよ」「「ありがとう」を伝えるカードも入れてみようかな」などというアイデアが出てくることが期待できます。

▶展開：デザインを整えよう

★デザインに凝り始めてしまって，時間を浪費してしまう児童
　が出てしまいがちなので，手早く決めてプレゼンテーション
　を試している児童を積極的に認めてあげる雰囲気を作ること
　が大切です。

[STEP1 表示設定を「スライド」にする]

教師：「左上の「デザイン」を押します。」

教師：「いま作ったカードの見え方は，3つのどれかに自動的に設定されています。」

児童：「私は一番左のスタイルになっていたよ。」

教師：「その1つ目は「縦」ですね。スマートフォンやパソコンなどで，上から下へ画面が進
　　　むように見せたい時に使う設定です。2つ目は「横」です。画面上で本のように見せた
　　　い時に使う設定です。」

教師：「3つ目の「スライド」は，紙芝居のようなものです。どんな時に使える設定だと思いますか？」

児童：「みんなの前で発表する時に，大きく見せられて使えそうだよ。」

教師：「そうです。今回はお世話になった人へプレゼンをするので，この「スライド」にします。」

◎このように教師が表示設定を見せながら説明していくことで，児童から「おうちの人が作っているようなもの
　が，私にもできたよ」「早くこれでプレゼンをしてみたいな」と意欲をもつことが期待できます。

[STEP2 壁紙や色を選ぶ]

教師：「先ほどの表示設定の下には，壁紙や色を自動的に変え
　　　られるものがあります。」

児童：「私はピンクが好きだから，これを選ぼう。」

児童：「○○さんらしいスライドになったね。」

児童：「「ありがとう」を伝えるから，お花があるといいな。」

[STEP3 背景の画像を追加する]

教師：「左上「ストーリーライン」を押すと，初めのカードを
　　　追加できる画面に戻ります。」

教師：「最後に，背景の画像を追加してみましょう。一つ一つ
　　　のカードの左側に，山のマークの「背景」というボタ
　　　ンがあります。」

教師：「これを押すと，右側に画像を検索して追加することが
　　　できます。」

児童：「「小説」で検索したら，何のことだかわからな
　　　い写真がたくさん出てきてしまったよ。」

教師：「文字を入力する時，「イラスト」などの言葉を
　　　追加して検索すると，みんなのお話に合う内容
　　　のものが出てくるかもしれませんね。」

児童：「確かに本を読んでいる色々な絵が出てきたよ。」

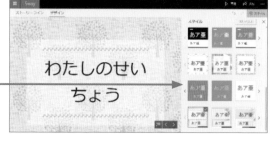

教師：「さらに『Creative Commons のみ』というチェックがあります。
　　　これは「著作権」に関するものです。学校の授業で使う時は，例外と
　　　して使えることがあります。画像などの作品を真似されてしまったら
　　　困るという人がいることを考えて使いましょう。」

児童：「じゃあ，チェックを外したら「いただきます」と言ってから画像を
　　　使うね。」

児童：「チェックを外してもこのカードに合う画像は無さそうだから，このカードは文字だけでお話ししようかな。」

> 🔗 他教科・他学年との関連
> 道徳「情報モラル」の実践的な
> 場面として学習できる。

◎このように教師が画像検索の方法を実演しながら説明していくことで，児童が「「小説が読めるようになった」ことを伝えるには，どの画像の方がいいかな」などと考えることができます。

▶まとめ：試しに発表してみよう

教師：「お世話になった人への「プレゼント」になるような内容になっているか，試しに班で発表してみましょう。聞く人はゲストの方になりきって聞いて，よかったことやアドバイスを発表する人に伝えましょう。」

児童：「たくさん成長したことがあってすてきだね。」

児童：「画像があったから，とてもわかりやすかったよ。」

児童：「パソコンばかり見ないで，私たちに向かって発表できるともっといいね。」

◎このように，本番の発表会のような場を設けて活動させることで，児童から「大きな声で堂々と発表できて，かっこよかったよ」などと，スライドの出来不出来だけでなく，発表方法に対するアイデアが出てきます。

【低学年1人1台端末のクラウド活用のポイント】

　プレゼンテーション資料を作る際は，あまり時間をかけ過ぎず，毎時間で試しに発表する活動を取り入れていきましょう。低学年児童は，スライドのデザインや視覚効果に関する感想に目が行きがちですが，身振り手振りを使ったり聞き手に視線を向けたりして発表する姿に価値付けをしていきましょう。

▲試しに発表する

▲発表会の様子

> **編著者からのひとこと**
>
> 　情報端末でプレゼン資料を作成することは，学年があがれば，その経験も増えていきます。プレゼン資料をつくり，発表する。そして，作り直して，発表する。短いサイクルで，これらを繰り返すことで，友達から学ぶことの大切さ，そしてプレゼン作成，および発表技術の向上を実感していきます。
>
> (堀田博史)

2年

生活

お互いの良さをクラスメイトと伝え合おう

2年	道徳	OS：iPadOS ツール：Google Classroom, ロイロノート・スクール	宝仙学園小学校 中村 優希

Google Classroom 1人1台端末での活用。自分のいいところはどこだろう？ 自分の良さについて考えるきっかけとして，クラスメイトの良さを探して伝え合う活動を Google Classroom 上で行った。各自の「わたし（ぼく）のいいところ」という投稿に対して，クラスメイトが返信をしていった。短い言葉で多くの人数と伝え合うことで，自分のいいところを多面的に捉えることができ，他者を積極的に認め合うクラスづくりを目指すことにもつながった。

ねらい

●**教科のねらい**

　クラスメイトの良さを探して伝え合う活動を通して，自分の良さについて考える。良さが見つかるとうれしい気持ちになることに気づくとともに，自分や相手の良さをさらに見つけようとする態度を養う。

●**情報活用能力育成のねらい**

　情報を受け取る相手の気持ちを考えて，自らの言葉に責任を持ち適切に発信をする態度を養う。

単元計画

1. **自分にはいいところがないと思っている少女のお話を聞き，主人公のいいところや気持ちについて考えよう**
   - 自分にはいいところがないと思っている人でも，誰にでもいいところがありそうだと期待を持たせる。
   - 知識や技能だけでなく，その人の性格面にもいいところがあることに気づかせる。
   - 主人公の気持ちを自分ごととして考えることで，自分のいいところに興味を持たせる。

▼

◇**本時**

2. **自分のいいところはどこだろう？**
   クラスメイトのいいところを探して伝え合おう
   - Google Classroom の「授業（質問）」上で，クラスメイトのいいところを短い言葉にして伝え合う。
   - クラスメイト同士が伝え合っている内容を見て，これまで自分が意識していなかったクラスメイトの良さに気づかせる。
   - クラスメイトからの返信を見て，新たな自分の良さに気づかせるとともに，「自分のいいところ」を改めて考える。

3. **この人だ～れだ？ クラスメイトの「いいところ」を聞いて，誰のことか当ててみよう**
   - Google Classroom で伝え合った「いいところ」をクイズ形式で1つずつ順番に紹介し，誰のことを話しているのか当てる活動を行う。
   - クイズ形式で楽しみながら友達の顔を思い浮かべ，クラスメイトの良さを考える意欲を養う。

▶導入：「自分のいいところ」はどこだろう？

○「自分のいいところはどんなところでしょう？」

• 「ん～，思いつかないなぁ。」

• 「足がはやいところかな。」

• 「1年生にやさしいところです。」

☆自分の良さはありそうだと期待しつつも，思い浮かばない児童がいます。具体的に思いついた児童の考えを板書し，少しずつイメージを共有していきます。

☆前時の内容を踏まえて，性格などの内面的な良さにも目を向けて考えさせます。

【教師の手順】

　Google Classroom では授業を受講する児童を，「クラス」に登録している。児童の回答に対して，児童が返信できるように「授業」→「作成（質問）」という手順で提出先を設けています。

② 「＋ボタン」で質問を作成

① 「授業」を選択

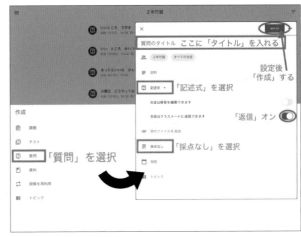

「質問」を選択

「記述式」を選択

「返信」オン

「採点なし」を選択

設定後「作成」する

【児童の手順】

　「ストリーム」に表示される「新しい質問：いい　ところ　みいつけた」を開き，「ぼく（わたし）のいいところ」と記入・提出します。「クラスメイトの解答を表示」して，相手のいいところを返信します。

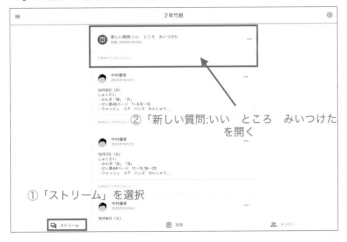

① 「ストリーム」を選択

② 「新しい質問:いい　ところ　みいつけた」を開く

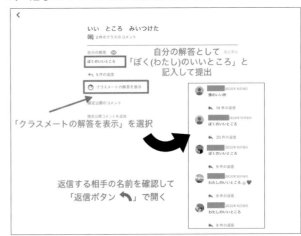

自分の解答として「ぼく(わたし)のいいところ」と記入して提出

「クラスメートの解答を表示」を選択

返信する相手の名前を確認して「返信ボタン」で開く

「ストリーム」上でのやり取りも可能ですが，児童の投稿が乱立してしまいます。上記の手順で提出先を1カ所にまとめることが好ましいです。

▶展開：「クラスメイトのいいところ」を伝え合おう

○「お友だちのいいところを書いておくり合ってみましょう。」

・「名前をえらんで『返信』をすればいいんだね。」

・「○○くんにおくったよ！見てね！」

・「『まえむき』って言ってくれてうれしいな。」

・「20こも,見つけてくれてありがとう。」

☆誰に書けばよいかわからず困る児童,なかなか返信が集まらない児童が想定されます。初めのうちは,返信を行う相手数人を指定して行わせます。
（例：隣席→前後席→全体）

☆短い言葉で伝え合うことを意識させることで,一人に対して時間をかけるのではなく,多くのクラスメイトの良さに目を向けさせます。

○「お友だちにどんな言葉がとどいているかのぞいてみましょう。」

・「○○さん,やっぱりいつも元気だよね！」

・「たしかに,○○さんはいつも丁寧だなぁ。」

・「こういう言葉で伝えてもいいんだ。」

☆友達同士のやりとりを見ることで,自分が意識していなかった,クラスメイトの良さを発見するきっかけを与えます。また,伝える内容に迷っている児童がヒントを得られるようにしたいと考えます。

▶まとめ：「自分のいいところ」はどこだろう？

○「自分のいいところはどんなところか,もう一ど考えてカードに書いてみましょう。」

・「やっぱり,1年生となかがよくて,優しいところかなぁ。」

・「足がはやいところだと思っていたけれど,『まえむき』なところもあるかも！」

・「みんなに言ってもらえると,前よりも自しんが出てきたよ。」

☆元々考えていたものと,Google Classroom でクラスメイトから伝えられたものを比べることで,自分の良さについて再認識させます。

☆ロイロノート・スクールのカードに言葉をまとめ,提出させます。

☆活動前は「自分のいいところ」が思い浮かばなかった児童も,友達の返信から気づきを得て,全員が一つは「自分のいいところ」を見つけることができました。

☆「とくいなこと・できること」だけでなく,多くの児童が自分の「内面の良さ」を言葉にすることができました。

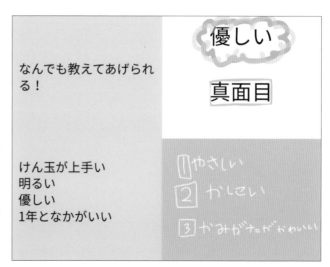

【低学年1人1台端末のクラウド活用のポイント】

「双方向のやりとり」が本実践で Google Classroom を活用した一番の理由です。オンライン上で提出箱を作り，それを共有する形でのやりとりは比較的多いです。しかし，児童が提出したものに対してさらに返信をさせようとすると，方法が限られてくるためなかなか難しいと思います。1人1台端末のクラウド活用では，「児童→教師」「教師→児童」の一方向のやりとりではなく，児童相互がやりとりを行えるような環境設定を意識していきたいです。

Google Classroom 上でのやりとりは，時間・場所を問わず可能です。紙でのやりとりとは異なり，回収する必要もありません。帰宅後や休み時間など，活動の続きを許可することで，「もっとクラスメイトに伝えたい」という児童の思いを尊重してあげたいです。

また，児童のやりとりを可視化し記録することが可能です。児童自身は後から振り返る材料とすることができ，教師にとっては評価をする材料の一つとして活用していきたいと思います。

一方で，使用時間や返信内容については配慮が必要です。特に Google Classroom に投稿した内容はプライベートではなく，クラスメイト全員の目に触れるということを，しっかりと伝えておくことが大切です。「自分だったら……どう感じるか。」というように，内容を考えて発信することを，低学年の内から意識させていきたいです。

 他教科・他学年との関連
2年生国語の学習のまとめとして，「友だちのすてきなところを伝える手紙」を書く活動に活かすことができる。

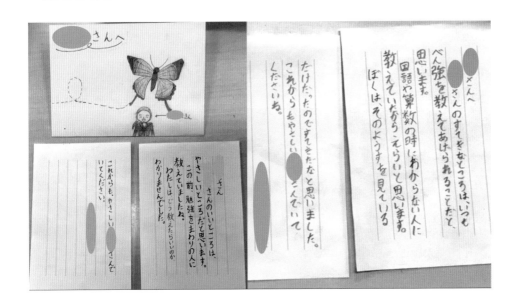

編著者からのひとこと

Google Classroom は Google Workspace for Education を導入している自治体の学校では学習のスタート，情報共有のプラットフォームとなります。授業のほとんどで Google Classroom から始まっています。この場所での伝え合う活動を行っていくことが，学習の基盤を創りあげていくことになるでしょう。

(佐藤和紀)

自分の作ったプログラムをタブレット上で見せ合おう

2年	**プログラミング**	OS：iPadOS
		ツール：ロイロノート・スクール，レゴ®WeDo2.0

※プログラミングという科目を設置

相模女子大学小学部
市川 明日香

LEGO is the Trademark of the LEGO Group.©2021 The LEGO Group.

　子どもたちはレゴ® WeDo2.0 を使ってロボットを作って動かした後，iPad で出来上がったロボットの写真と動画を撮り，ロイロノート・スクールに送った。送ってもらったデータを共有し，意見を出し合う活動をした。動画を見ることで相手の作ったプログラムが気になり，自然と会話が生まれた。自分の考えを発信し，相手の考えを得ることが簡単にできるということで，子どもたちは iPad を意欲的に使って学習を進め，深めることができた。

ねらい

● **教科のねらい**
　WeDo2.0 を使って，ものづくり（ロボットづくり）とプログラムの作成の仕方を理解し，プログラムの意味やセンサのはたらきを考え，科学的思考の基礎を育てる。（2年）

● **情報活用能力育成のねらい**
　ロイロノートで写真や動画を撮ったり，カードに字を書いて提出したりして意見交流することができる。

単元計画

1．**科学探査機マイロを作って動かそう**
- マイロを作って動かす活動を通して，プログラムの意味を考え，言葉にまとめる。
- 2つのセンサ（モーションセンサ・チルトセンサ）を取り付けて，それぞれのセンサが何に反応するのかはたらきを見つける。
- 2体のマイロを合体して，指定したコースに沿って走るようにプログラムを作る。
　プログラミング→操作（動きの確認）→意見交流（修正）→プログラミングの流れで行う。

2．**自分の作ったロボットの写真を撮って，ロイロノートに提出しよう**
- 組み立てたロボットの写真や動画をロイロノートで送る。
- 提出されたデータに共有をかけ，お互いに見合って意見交流をする。

⬦**本時**

3．**サンタロボットを作って動かそう**

- 出来上がったロボットの写真を先に見て，動きを予想する（使われている部品に注目する）。
- 動く姿を見て完成形のイメージをもつ。
- ロイロノートに送られた手順をもとに，組み立てをする。
- 組み立てが終わったら写真を撮り，プログラムづくりに取り組む。
- プログラムを作ってロボットの動きを確認する（うまくいかなかったら何度も作り直す）。

- うまく動かせたら動画を撮り，ロイロノートで写真と動画を提出する。
- 提出箱を開き，他のペアの子のプログラムを見ながら交流する。

- ロイロノートにログインする。
- 送られてきた説明書を開く。
- 写真や動画を撮る。
- テキストに写真を貼り付ける。
- 提出箱に提出する。

　これまで児童は WeDo2.0 のアプリ内にあるロボットを組み立てて学習してきました。今回は，初めてアプリにはないロボット作りに挑戦します。ロイロノートの操作についても電子黒板で手順を見せながら説明しました。

▶導入：ロイロノートに送られたロボットの作り方を開こう
- 今日は，クリスマスが近いのでサンタロボットを作ります。
  児童は，見たことのないロボットの写真に目を輝かせています。
- ノートの「送る」をタップして説明書を開きましょう。
- 右上の「使用する」をタップすると，説明書が開かれます。
- 説明書の手順をスライドして見ながら組み立てましょう。

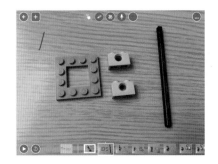

　説明書を開く操作までは全員で確認し，スライドが開けた児童から組み立てを始めます。スライドの写真をよく見てキットから必要な部品を探します。児童は完成までのスライド数の多さに驚きながらも楽しそうに会話をしながら組み立てます。

▶展開：写真や動画を撮って，つなげよう
- プログラムは，WeDo2.0 のアプリを立ち上げて作りましょう。
- アプリの中で撮った写真や動画は，iPadのデータフォルダに自動的に保存されます。
  児童は，色々な角度からロボットが動く姿を撮影します。撮った動画を確認しながら，さらにコマンドを追加して，オリジナルのプログラムを作っていきます。ここでは，特に制限をかけず，自由に操作をさせながら自分たちで新しい発見が得られるようにします。
- お手本と同じ動きのプログラムが作れた児童には，スクリーンショットの仕方も伝え，プログラムもフォルダに保存します。

プログラムは別途提出箱を作り，電子黒板で回答共有をして困っている児童への手助けとして活用しました。うまく動いたペアは，自然と「できた！」とつぶやくのでその声を聞いて，ペアごとの意見交流もスタートします。

[STEP 1 テキストカードに名前を書こう]

- 左上のタブ［テキスト］をタップし，カードを1枚開きます。
- 上の鉛筆マークをタップして，自分の名前を丁寧に書き込みます。

[STEP 2 写真をロイロノートに取り込む]

- 左下のタブ「ファイル」をタップし，下の「写真」を選択します。
- 使用する写真を選択して，右上の「使用する」をおします。
  ロイロノートに取り込みます。
- 必要なデータを取り込んだら，名前を書いたカードと写真・動画をすべて矢印でつなげます。

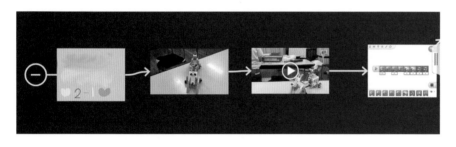

[STEP 3 データを提出する]

- カードを触りながら，左下の「提出箱」までもっていきます。
- 赤く帯になっている提出箱の名前をタップすると，提出できます。
- 教師は提出箱を開き，左上の「回答共有する」をタップして，他の児童の提出したカードを閲覧できるようにします。

▲提出箱①には作ったプログラムを，②には写真や動画を提出するよう伝えました。

▶まとめ：ロイロノートで意見交流しよう

- 回答共有された提出箱を開いてお互いのプログラミングされたロボットの写真や動画を見合いましょう。
  活動中は，自分たちのプログラムづくりに夢中なので，ここでしっかり他のペアの活動の様子にも目を向けさせます。動画を見ることで自然と自分たちの作ったものと比較をして良いところが見つけやすくなります。
- お互いの写真やロボットを見て気づいたことや感想を発表しましょう。
  「〜〜さんのプログラムには音が入っていてよいと思いました。」
  「パワーを大きくしすぎると壊れやすかったので，小さくして動かしたら成功しました。」

ロボットを動かすだけでなく，ハブのライトを光らせたり音を鳴らしたりするプログラムを作る児童もいます。児童は動画を見た後，プログラムも確認し，よかったところを見つけて話し合います。他のペアの作品を見て自然と「すごい！」「僕たちと一緒だね。」などという言葉が出てきました。
今回できなかったところや，他のペアの良かったところは次回の授業に生かします。

【低学年1人1台端末のクラウド活用のポイント】

ロイロノートはアイコンもわかりやすく，低学年の児童にとっても操作のしやすい学習ツールです。特にプログラミングのように形に残らない活動を記録に残せる良さがあります。毎時間使うことで子どもたちも操作に慣れ，短い時間でまとめられるようになります。
コロナ禍で交流に制限があっても，回答共有することで児童はタブレット上で交流することが可能になります。

編著者からのひとこと

低学年でもロイロノート（授業支援クラウド）を使いこなしている好事例です。1人1台情報端末を活用したプログラミングの授業では，各自の学習の軌跡を記録しておくで，友達のプログラミングを確認することができ，協働的な学びがさらにバージョンアップしていきます。

（堀田博史）

物語を読んで，おすすめポイントをしょうかいする文を作ろう

3年	国語	OS：Chrome OS	印西市立原山小学校
		ツール：Google Classroom, Google ドキュメント, Google ドライブ	丹羽 吾郎

　物語を読み解く学習活動において，Chromebook を活用。読みを深めるための問題を設定し，Google スライドを用いた意見交流を行う。終末では，Google ドキュメントで物語のおすすめポイント等を紹介する文章を作成，それを共有ドライブに移してコメントを寄せ合う。誰から寄せられたものなのかが明確なコメントや改善案が届き，意欲的に活動することができる。

ねらい

●教科のねらい
- 物語文を読んで，物語のおすすめポイントについて内容をもとに筋道立てて考え，友達との伝え合いを通して自分の思いや考えをまとめることができる。

●情報活用能力育成のねらい
- プレゼンテーション用のスライドやドキュメントを作成して発表したり，友達の作成したものに自分のアカウントからのコメントをつけたりすることができる。
- 表現方法を相手に合わせて選択し，相手や目的に応じ，自他の情報を組み合わせて適切に表現することができる。

単元計画

1．学習計画を立てる
- 物語を読んで初発の感想を書き，登場人物の変化について自分の意見を持つ。物語のおすすめポイントの紹介文を書くため，読み解いていくべき疑問点を押さえて学習計画を立てる。

2．物語を読み解く
- 登場人物の変化について自分の意見を Google スライドにまとめ，グループや全体でプレゼンテーションを行って考えを広げたり深めたりする。

3．紹介文を書く
- 物語を読み深めた中から，おすすめポイントとなるところを探す。紹介文を Google ドキュメントで書き，Google Classroom で提出する。

> ◎本時
>
> **4．紹介文を読み合う**
> ・ Google ドライブの共有ドライブで，自分の書いたドキュメントを友達に読んでもらい，コメントをもらう。また，友達の書いたドキュメントを読み，コメントをつける。

実践例

Google Workspace for Education へのログインが必要です。また，事前準備として，次の作業を要します。
・ Google ドライブにクラスの共有ドライブを作成し，児童のアカウントを「招待」する。

※児童アカウントでグループを作成しておくか，児童アカウントの一覧を作っておくと便利です。

・ 提出されたドキュメントのコピーを，Classroom フォルダから共有ドライブに移す（コピー前の児童が作成したファイルは，誤って消してしまわないよう元のフォルダに残す）。

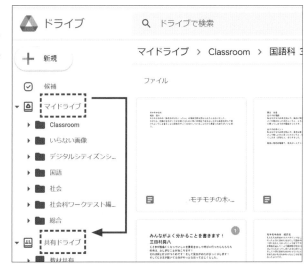

児童のアカウントに共有ドライブの編集権限を「閲覧者（コメント可）」として付与し，教師が共有ドライブに入れたドキュメント等を参照したり，そこにコメントをつけたりできるようにします。勝手に編集することはできないので，児童の作品が改変される心配がなくなります。

▶導入：共有ドライブにアクセスしよう

これまでの学習について触れ，個々の紹介文を相互に読み合い，感想を書いたり紹介の仕方の良さを認め合ったりする本時の活動について確認します。ここで，共有ドライブについて説明し，Chromebook で Google ドライブを開いて，友達のファイルがずらりとサムネイル表示されているのをよく見せて見通しを持たせました。児童は，どの作品にも自席に居ながら手軽にアクセスでき，活発に交流できることを想像して，「〇〇人読みたい！」等と意欲的な発言をしました。

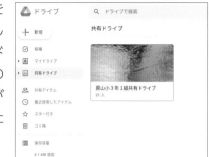

▶展開：
紹介文を読み，コメントを残そう
①コメントのつけ方を知る

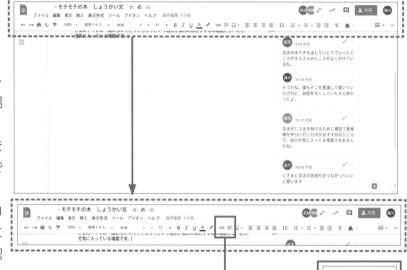

- 隣の人の書いた紹介文のドキュメントを開いて読み，コメントをつけたい場所を選択します。
- 画面上方アイコンの中の，「コメントを追加」アイコンをクリックすることでコメントを入力できます。
- 児童の中から 1 名を選んで，教師がコメント例として書きこみ，どのように表示されるのかをリアルタイムで確認すると，「いいなぁ」「自分のにもつけてほしい！」と，活動を促す前向きなつぶやきが表れました。

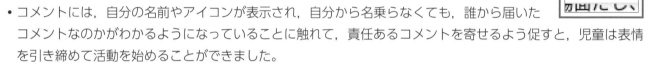

- コメントには，自分の名前やアイコンが表示され，自分から名乗らなくても，誰から届いたコメントなのかがわかるようになっていることに触れて，責任あるコメントを寄せるよう促すと，児童は表情を引き締めて活動を始めることができました。
- 「Ctrl + Alt + M」でもコメントを追加できることに触れます。

②読み合って，コメントをつけよう

- 机間巡視や教師用端末でのドキュメント巡回を通して，児童ができるだけ多くの人のドキュメントを読み，適切なコメントができるよう声をかけます。
- コメント内容に悩んでいる児童には，「友達は，誰のどんな行動や会話に注目しているか」を考えたり，また「友達が紹介したいところを読んで自分はどう思うか」を考えたりするよう助言します。
- 見つけた良いところは，後で自分の紹介文に生かせることに触れ，友達の紹介文のまとめ方や表現方法のよさを見つけてメモを残しておくようにします。

③コメントに返信する

- 自分の紹介文を開き，友達からのコメントを読むよう指示します。コメント返信（ディスカッション）の仕方を説明し，返信するよう促します。

▶まとめ：紹介文に生かそう

　元の Classroom フォルダには，共有していないファイルが残っていますので，そのファイルを修正します。その際，共有フォルダでもらったコメントや，友達の紹介文のまとめ方や表現方法のよさを見つけて記録したメモを参考にして，自分の紹介文を手直しするよう助言します。

【1人1台端末のクラウド活用のポイント】

　従来の授業において「ワークシート」として作成していたものを，Google スライドに落とし込むことで，児童の学習成果を簡単に蓄積できます。オンラインストレージに自動保存されるデータであることを子どもに十分に理解させ，不注意でスライドを消すなどしてしまったとしても，素早く復元できると教えておくことで，児童は安心して作業できました。

　また，誤操作で復元できなかったとしても，雛型をコピーして使えるようにしておけば，ケアレスミスにも即時対応できます。

　コメント等がアカウントに紐づいていることをしっかりと指導し，「責任あるコメントを送る」といったデジタルシティズンシップについても意識させましょう。

> **編著者からのひとこと**
>
> 　物語文を読み深めた上で，物語の紹介文を Google ドキュメントで作成し，Google Classroom で提出する，といった学習活動を行っています。児童はこうした学習活動を通して，コンピュータを活用すれば加筆修正がすぐにできること，クラウドを活用すればどこからでも学習ができることを理解していきます。
>
> (佐藤和紀)

道具とくらしのうつりかわり

3年	社会	OS：Chrome OS	成城学園初等学校
		ツール：スクールタクト（schoolTakt）	秋山 貴俊

　児童が予想や疑問，学習のまとめを記録する際に，パソコンを活用することで学級内での共有を簡単にすることができる。授業支援システム「スクールタクト（schoolTakt）」を使うことで，共有するだけでなく，「いいね」やコメントを児童間で送り合うことができ，教師を介さずに意見交流が可能となる。本実践では，3年生社会科の大単元「市のうつりかわり」の導入部分において，児童の考え・学級の考えを深める工夫をした。

ねらい

●教科のねらい
　生活のなかで使われている道具について調べ，時期による違いについて理解し，これらの違いと人々の生活との関連を考え，表現することができる。

●情報活用能力育成のねらい
- キーボードなどを使って自分が伝えたい内容を文字などで表現することができる。
- 動画から必要な情報を取得する。
- 友達の意見を閲覧し，フィードバックを行う。

単元計画

1．昔の道具の観察
- 洗濯板を観察し，発見したことや疑問に思ったことをスクールタクトに記入する。

ポイント　共同閲覧モードにすることで，書き終わった児童は他の児童の考えを閲覧できる。これにより，オンライン上で児童間の交流が可能となる。また，書くことが浮かばない児童にとっては思考するヒントをもらうことができる。

- 「ワードクラウド機能」を使って，洗濯板のどこに注目している児童が多いのか，視覚的に共有する。

ポイント　ワードクラウド機能では，回答の中で使われた単語をキーワード抽出し，頻出度に応じた可視化をすることができる。この機能を使うことで，児童がどんなことに興味・関心を持っているのか，全員で把握することができる。頻度が高い言葉はもちろんだが，頻度が低い言葉のなかにも学級全体で思考を深めるきっかけになるものがあるので児童の関心を踏まえて取り上げることが大切である。

▲共同閲覧モード

▲ワードクラウド機能

2．昔の道具を使ってみよう

- 動画教材を参考にしながら，グループで洗濯板を使って
  洗濯を体験する。

ポイント　洗濯板の使い方を動画を視聴しながら体験する
ことで，必要な情報を区切りながら得ることができる。
繰り返し視聴できるため，教師が手本を示すよりも細かい
ことに気づきながら体験を行うことができる。

- 体験した感想をスクールタクトに表現する。

◯本時

3．今と昔の違いをまとめる

- 体験したことをもとに，当時の人々の生活の様子を予
  想し，今の生活との違いに気付く。
- 各自がまとめたものを閲覧し合い，「いいね」やコメン
  トなどを送り合うことで自分の考えを深める。

▶導入：スクールタクトに自分の考えを記入する

教師：「今まで学習したことを振り返りながら，当時の生活を予想してみましょう。」

児童：「○○君の前回の感想にヒントが書いてあるかも。」

児童：「教科書にイラストが載っているね。」

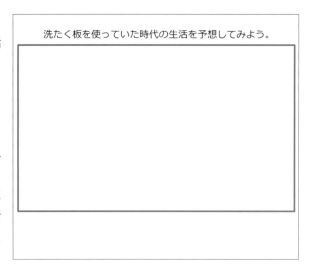

洗たく板を使っていた時代の生活を予想してみよう。

・前回までの学習を振り返りながら，学習のまとめを記入します。

ポイント　課題を児童に配布する際は，「共同作業 OFF」にします。まとめでは，「自分の考えに向き合う時間」と「考えを共有する時間」を分けることで，自分の考えを書くことに集中できます。

▶展開１：友達の予想を読み，自分の考えを深める

教師：「友達の予想を見られるようにしたので，読んで「いいね」やコメントを送りましょう。」

児童：「○○さんと○○君は同じような予想をしているね。」

児童：「○○君の予想，おもしろいね。」

・教師が共同閲覧モードに変更し，児童は友達の予想を読みます。

・共感できるものや読んで新たな発見があったものに「いいね」やコメントを送ります。

ポイント　コメントを送るときは，文章のどの部分がよいと思ったのか，どんなことが発見だったのか，など具体的に書くよう指導します。ただし，児童の実態に応じてコメントを書くことが難しい場合には「いいね」を送るだけでもよいことにします。

▶展開２：どんな考えがあるだろう

教師：「コメントの多い順番に並べ替えました。○○さん，発表してください。（発表後）○○君から××とコメントが届いているけれどお返事はありますか。」

児童の反応：ポジティブなコメントを多くもらっているので，自信をもって発表することができます。

▲並び替え

・コメントの多い順に並び替え，コメントが多かった児童が発表します。

・発表した児童は，届いたコメントについても感想や考えを述べます。

ポイント　届いたコメントについて，コメント機能で返信することもできますが，限られた時間のなかで多くの児童の考えに触れてほしいので，コメントへの返信はさせません。コメントへの返信は発表と同時に口頭で行います。

▶まとめ：改めて自分の考えを記入する

教師：「友達の予想を読んだり，発表を聞いたりして，考えが変わったり，深まったりしたと思います。予想を書き直してみましょう。」

児童の反応：「いいね」やコメントが多かった児童のコメントを参考にしながら，コメントを書き替えていきます。

• 友達の意見も踏まえて，自分の考えを書き直します。

ポイント　児童の評価を行う際に，思考や表現の変容を把握することが重要です。教師が自分の端末でスクールタクトの画面を録画しておくと，授業の最初に書いた考えと児童間で意見交流した後での違いを確認することができます。録画ができない場合は，導入終了時に，一覧画面のスクリーンショットを撮っておくと授業終了後と比較することができます。

▲意見交換

【1人1台端末のクラウド活用のポイント】

　デジタルの良さは書き換えることができる点です。児童が友達の意見を聞いて「なるほど！」と思うとどんどん書き直していきます。ここで大切になることは，意見を聞く前後の違いを教師が把握することです。最初の考え，途中の考えも記録することで考えの変容を把握することができます。

編著者からのひとこと

　自分の考えと向き合うときは「共同閲覧モードをオフ」にし，友達の意見に触れてほしいときは「共同閲覧モードをオン」にしています。このように，目的に応じて機能を切り替えながら授業を設計していく工夫が参考になります。

（三井一希）

3年

社会

調べたことをグラフにしよう

3年	社会	OS：Windows OS	栃木県壬生町立睦小学校
		ツール：Google スプレッドシート	稲木 健太郎

いちご農家の仕事やいちごの収穫時期等を調べる学習において，調べたことをスプレッドシートにまとめた。地域で販売されているいちごの値段の変化をグラフにして視覚的に捉えやすくしたり，調べたことを共有したりすることで，調べた情報の確かさや適切なまとめ方について確かめ合うことができた。

ねらい

●教科のねらい

　農家の人々の仕事が地域の人々の生活と密接な関わりをもって行われていることを理解したり，仕事の種類や工程などに着目して農家の人々の仕事の様子を捉え，地域の人々の生活との関連を考えて表現したりすることができる。

●情報活用能力育成のねらい

- キーボードで数字や文字を正しく入力できる。
- 観点を決めた表やグラフを用いて，収集した情報の整理を行うことができる。

単元計画

1．単元の問いをもち，学習計画を立てる

- 農家の人々の仕事やいちごについて知っていることを出し合い，単元の問いを作る。そこから単元のゴール（地域の特産品であるいちご農家の工夫や努力を調べて発信する）を設定し，学習計画を立てる。

2．情報の収集

- いちご農家の人々の仕事の工程や工夫，収穫時期や地域で販売されているいちごの値段等について調べて，スプレッドシートにまとめる。

◇本時

3．情報の整理・分析

- 調べたことをグラフにしたり共有したりして，情報の確かさや適切なまとめ方を確かめ合う。
- 調べたことをもとに，農家の人々の仕事と地域の人々の生活を関連付けて考える。

4．情報のまとめ・発信

- 調べて分かった農家の人々の仕事の工夫や努力の中から発信したい情報を出し合い，グループで１つ選ぶ。
- グループごとに共同編集でスライドにまとめて，プレゼンテーションする。

実践例

- 調べたことを記入する表をスプレッドシートで作成。
- クラス全員の情報が共有できるように，１つのファイルに全員のシートを作成。１人１つのシートにまとめる。
- シートは出席番号で割り当てる。
- 発達段階を考慮し，児童が数字を入力すればグラフ化されるように，教師が事前に設定しておく。

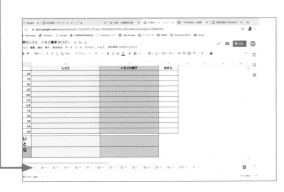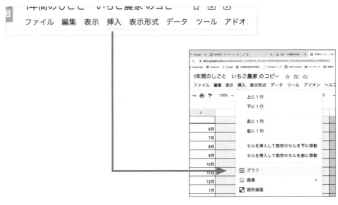

▶導入：いちごの値段の変化をグラフに表そう

- これまで，農家の人々の仕事やいちごの育ちの様子について調べてきました。
- 今日はそうして収穫されたいちごがいくらで売られているのか，月ごとの値段を調べましょう。
- 資料では値段が表で示されています。月ごとの変化がより分かりやすくなるように，この表をグラフにします。
- 資料の数字（値段）をスプレッドシートに入力します。
- 資料で値段が無いところは０を入力します。

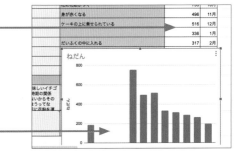

（児童の様子）

「簡単にグラフになったよ！ すごい！」

「グラフで表すと値段の違いが一目でわかるね。」

「だんだん値段が下がっている。どうしてだろう。」

3年

社会

117

＜端末を使うメリット＞

- グラフになっていない資料も，簡単にグラフ化できます。手書きより時間がかからず，修正も簡単です。
- 作成したグラフは，単元のまとめなどでレポートやスライドを作成するときに，コピーして使うことができます。

▶ **展開：グラフから気付いたことや調べた情報の確かさ，よりよいまとめ方を考えよう**

【STEP1】グラフをもとに気付いたことを話し合おう

- 気付いたことをグループで話し合いましょう。
- 画面を見せるときは，相手が見やすいように持ちます。

（児童の様子）

「値段が無い時期は，苗を育て始めている時期だね。」
「クリスマスの時期は，値段が少し高くなっているよ。
ケーキでいちごを使う人がたくさんいるからかな。」

（指導のポイント）

　タブレットの情報をもとに話し合う際は，相手が見やすいように画面を見せたり拡大したりしましょう。また，値段の変化をグラフで可視化することで，変化の理由が調べたこと（収穫時期や人々の生活等）と関連付けて考えやすくなります。そうした教科の見方・考え方を働かせて考えている姿を価値付けましょう。

【STEP2】調べた情報の確かさを確認し合おう

- グラフの数値や調べたことを見て自分と違うところがあったときは，違うわけや正しい情報を教科書や資料で確認し合いましょう。

（児童の様子）

「グラフが違うね。資料で確かめたら，11月と12月に入力している数字がずれているみたい。直そう。」
「育て方を調べるのが難しかったよ。表にたくさん書けていてすごいね。どこを見て調べればいいの？」

【STEP3】グループ以外の友達の情報も参考にしよう

- グループでの意見交換が終わったら，グループ以外の友達のシートも参考にしましょう。
- 参考にしたいものや調べた情報のミスが見つかったときは，コメントをしましょう。
- コメントを残したい場所（セル）を選び，「コメントを挿入」を押します。
- 出てきたコメント欄に入力できます。

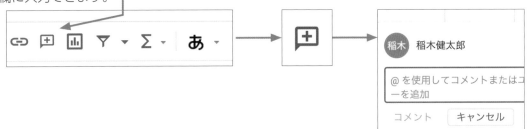

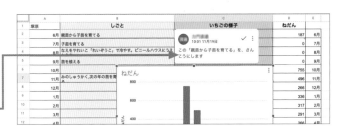

稲木 稲木健太郎

@ を使用してコメントまたはコ
ー を追加

コメント　　キャンセル

▶ **まとめ：自分のスプレッドシートを加筆・修正しよう**

- 話し合ったり友達のシートを参考にしたりして気付いたことを書き加えましょう。
- 今日の学習で分かったことや自分の学び方について，ノートに振り返りを書きましょう。

（振り返りのコメント）

「グラフにしたことで，値段の変化が分かりやすくなりました。」
「友達の意見を参考にして，調べたことを付け加えました。全員の意見が見られたのでとても参考になりました。」

【1人1台端末のクラウド活用のポイント】

- 簡単にグラフ化できるように，数字を入力するだけでグラフになるようにしました。慣れてくれば児童に作らせてもよいかもしれませんが，実態に応じて教師が準備しておく部分と児童に任せる部分のバランスを考えることも大切です。
- 友達の情報を参照しやすいように，クラスで1つのスプレッドシートを作成しました。人数分のシートを割り当てることで，ファイルやウィンドウを切り替えなくても簡単に友達の情報を見ることができます。
- 児童がタブレットの情報を見せながら調べたことを話し合う際は，相手が見やすいように画面を提示したり拡大したりすることができるようにしておきましょう。

 他教科・他学年との関連
3年生算数で学んだ表とぼうグラフの学習と関連付けましょう。

編著者からのひとこと

　端末を使うことで自分たちが調べた数値を簡単にグラフ化できます。こうした作業を通じて実感を伴った理解を促すことができます。児童の発達段階に応じて，簡単にグラフを作れるようにしておく工夫が参考になります。

（三井一希）

3年

社会

身のまわりのものの重さをはかろう

3年	算数	OS：Windows OS	栃木県壬生町立睦小学校
		ツール：Google スプレッドシート，Google スライド	稲木 健太郎

重さを量る学習で，量った記録を共有した。見当を付けて身の回りのものを量る活動を通して，はかりで重さを適切に量ったり，重さの量感を養ったりすることをねらった。その際，量った記録をスプレッドシートやスライドで共有することにより，友達の記録を参考にしながら重さの感覚をつかんでいく姿が見られた。

ねらい

●教科のねらい
- 重さの単位（g，kg，t）について知り，測定の仕方や単位の表し方を理解できる。
- 身の回りのものの重さを量る活動を通して，およその見当を付けてはかりを適切に扱い重さを量ったり，適切な単位で表したりできる。

●情報活用能力育成のねらい
- キーボードで数字や文字を正しく入力できる。
- 端末のカメラ機能を用いて，伝えたい情報に応じて写真を撮影できる。

単元計画

1. 1g，1kgをもとにした重さの単位やその表し方，はかりの扱い方を理解する
- 重さの比べ方や表し方を考え，1g や 1kg，1t をもとにした単位の表し方を知る。
- はかりの適切な扱い方を知り，はかりのめもりを正しく読む。

◇本時
2. 身の回りのものの重さを量る活動を通して，およその見当を付けて量ったり，適切な単位で表したりすることができる
- 見当を付けて身の回りのものの重さを量ったり，量った重さを適切な単位で表したりする。

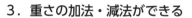

3. 重さの加法・減法ができる
- 不要な重さを除いたり，不足する重さを足したりする場面で，重さの関係を図に表し，計算する。

4. 重さの単位の関係について，身の回りのものの重さと関係付けて表にまとめることができる
- 重さ，長さ，水のかさについて，これまで学習してきた単位の関係を表に整理する。
- 身の回りのものと単位を関係付けて表にまとめる。

- 調べた重さや予想を記入する表を教師がスプレッドシートで作成。
- グループごとの記録が共有できるように，1 つのシートに全グループの表を作成。

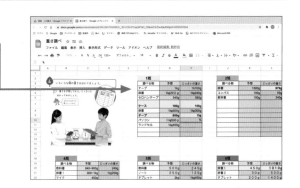

▶導入：身の回りのものの重さを予想しよう

- 身の回りのもので，100g ちょうどのものはどんなものがあると思いますか？ 予想しましょう。
- また，身の回りのものを組み合わせて，1 kgちょうどの重さにすることはできるでしょうか。
- 今日は身の回りのものの重さを予想して量りながら，記録をタブレットで共有していきましょう。

▶身の回りのものの重さを予想しながら量ろう
【STEP1】 100g ちょうどの重さを見つけよう

- 調べるものと予想した重さ，はかりで量った実際の重さを，スプレッドシートに記録します。
- 100g に近いものが見つかったら，行を黄色にします。

3班		
調べる物	予想	じっさいの重さ
図書バッグ	50g	106g
コンパス	140g	52g
本		
教科書	120g	248g
リモコン	160g	160g
はかり	1kg	

（児童の様子）

「図書バッグが 100g に近いみたいよ。試してみよう！」
「量ったコンパスの重さが他の班と違うね。形が違うからかな。」
　はじめは重さの見当を付けることが難しそうでしたが，何度も試したり他のグループの記録を参考にしたりする中で，見当を付けることができるようになっていきました。

（指導のポイント）

- 共同編集をはじめたころは，他のグループの記録を見たり参考にしたりすることのよさに気付かないものです。共有された記録を参考にして学ぶ姿を価値付けましょう。
- 誤って他のグループの記録を消してしまうことがあります。その時は「戻る」コマンドや「変更履歴」から元に戻せるので，慌てずに先生を呼ぶように声をかけましょう。

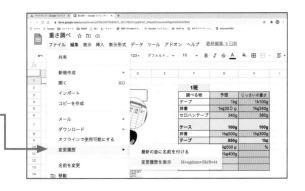

3
年

算数

<端末を使うメリット>

- 共同編集により予想や記録がリアルタイムで共有されるため，他のグループの活動を参考にすることができます。
- クラス全体の記録が共有されているため，自分たちと他のグループの記録を比較して考えるようになります。
- 共同編集で1つのシートに記録をしているため，活動が終わったときにはクラス全員の記録として結果がまとめられます。ノート等に転記することに時間をとる必要がなく，本時の主な活動に十分時間を取ることができます。

【STEP2】 1kgちょうどをつくろう

- 身の回りのものを組み合わせて，1kgちょうどをつくりましょう。
- これまでの学習を生かして，1kgになりそうなものを予想しながら組み合わせるものを決めましょう。
- 1kgちょうどができたら，写真を撮ってスライドに入れます。
- 他のグループの記録も参考にしましょう。

(児童の様子)

「正面から撮れば，量ったものとめもりが写るかな。」

「辞書を使っている班が多いよ！ 試してみよう。」

「1kgちょうどを3つもつくっている班がある！ すごいな。」

他のグループの記録を参考にしながら，1kgちょうどになるものを予想しながら量るようになりました。

＜端末を使うメリット＞

- 量ったものが写真で見られるため，組み合わせたもの（実物）と重さのイメージが結び付きやすい。
- 写真に撮ってスライドにまとめることで，記録にも，クラスへの発表（共有）にもなる。

▶まとめ：学んだことを振り返ろう

- 今日の学習で分かったことや自分の学び方について，振り返りを書きましょう。
- スライドのテキストボックスに書き込みましょう。
- だれがどの色のテキストボックスに書くか，相談して決めましょう。

（指導のポイント）

　本時はクラス全体のデータが記録されているため，振り返りをスライドに書き込むことで本時の学習活動と結び付きやすくなります。また，お互いに読み合ったりできるメリットもあります。どのテキストボックスに書くか，グループで相談しやすいように色分けをしておきましょう。

【1人1台端末のクラウド活用のポイント】

- 数字を入力する，写真を撮る，というシンプルな共有の仕方は，低学年でも無理なく取り組むことができます。
- どこに何のデータを入力・挿入するかを明確に示すようにしましょう。
- 記録を共有することは，対話や協働的な学習につながります。グループ活動では，重さを量る児童，記録をする児童，他のグループの記録を参照する児童など，一人一人に学習の役割をもたせるようにしましょう。

　他教科・他学年との関連
　算数の測定に関する単元（長さ，かさ等）と同様，重さの単位を「もとにする量」という見方で捉えることができるようにしましょう。

編著者からのひとこと

　量感を養うために実際に重さを量る経験はさせたいものです。そこで，はかりの目盛りを記録する際に端末をうまく活用しています。このように，アナログとデジタルをうまく使い分けることで学習効果を高めることができます。

（三井一希）

3年

算数

いろいろな金管楽器について知ろう

3年	音楽	OS：Chrome OS	姫路市立古知小学校
		ツール：Google Jamboard, Google フォーム, Google ドキュメント	浅田 真季

　金管楽器について知る活動において，Google for Education のアプリである「Jamboard（ジャムボード）」を 1 人 1 台端末で活用することで，児童全員が一つの画像にコメントを書き込んだり，リアルタイムで友だちの書いたコメントを読んだりして意見交流ができる。また，「Classroom」での課題提出機能や「Google フォーム」を活用して楽しく知識の定着を図ることが期待できる。

ねらい

●教科のねらい
　金管楽器の写真を見て特徴を書き出したり音楽授業支援 DVD を見て演奏方法や音色を聴き比べたりする活動を通して，金管楽器の音色に着目して，それぞれの楽器の固有の音色の美しさも味わって音楽を聴くことができる。

●情報活用能力育成のねらい
　Jamboard で意見の整理・分析が容易にでき，集めた情報を金管楽器○×クイズとしてまとめ，楽しく表現することができる。

単元計画

◎本時 1．金管楽器について知る
- 実物のトランペットに触れる。
- 画像を見て気付いたことや思ったことを付箋に書き，金管楽器の特徴について考える。[Jamboard]
- DVD を鑑賞し，気付いたことや思ったことを付箋に書く。[Jamboard]

◎本時 2．金管楽器について知識を深める
- 金管楽器テストをする。[Classroom] [Google フォーム]
- 金管楽器についての○×クイズを作り，クイズを楽しむ。[Classroom] [ドキュメント] [Kahoot!]

実践例

- 付箋に文字を入力する
- テストを受け，回答を確認する
- ウェブ上で○×クイズを楽しむ
- レーザーポインタを使って発表する
- ドキュメントに○×クイズの問題を入力する

▶導入：Jamboard の付箋に文字を入力してみよう
- 付箋に自分の名前を書く練習をしましょう。（手書き入力も可）

- 手書き入力をする場合は，Chromebook をタブレットモードにし，◯ の記号をおします。

- 自分が調べたい金管楽器の場所に，付箋を動かしましょう。
- 人数の偏りがあったのですが，多いところから少ないところに付箋を動かし，自分たちで人数調整ができました。

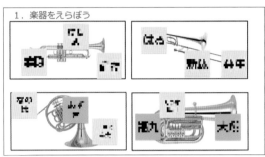

▶展開 1：金管楽器について，気付いたことや思ったことを書き，意見を交流しよう

[STEP1 写真を見て気付いたことを付箋に書く]

- 自分で選んだ金管楽器について，写真をよく見て気付いたことを書きましょう。（黄色の付箋 ①）
- 他のグループのシートを見て，「〇〇が一緒や！」「たしかに！」と，友だちの意見について感想が出ました。

[STEP2 映像を見て気付いたことを付箋に書く]

- 4 つの金管楽器を演奏している動画を視聴します。映像を見て，音の大きさや高さ，演奏の仕方など気付いたことを書きましょう。（緑の付箋 ②）
- 付箋の色を変えることで，写真を見て気付いたことと映像を見て気付いたことを区別することができます。

[STEP3 他者の意見と比較しながら気付いたことを発表する]

- レーザーポインタを使って，ホルンについて気付いたことを発表しましょう。 ③
- 「ここが…」と言いながら自分の Chromebook の画面をおさえることで，わかりやすく説明ができました。
- 初めはペンを使っていたのですが，数人で同じ画面に見やすく書くことはまだ難しく，発表方法を変更しました。

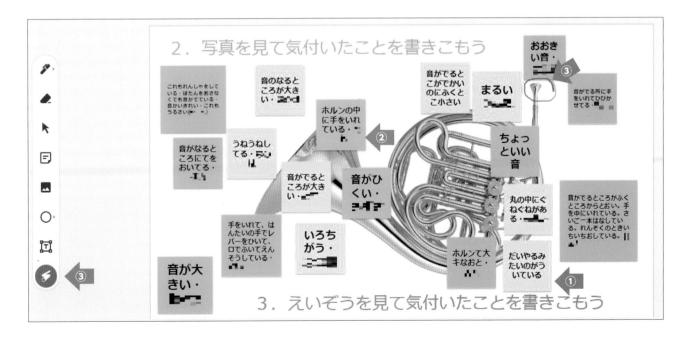

▶展開2：金管楽器の特徴を確認しよう

[STEP1 Classroom から Google フォームを開いてテストを受ける]

- 金管楽器テストをします。答えにチェックを入れたり，当てはまる言葉を入力したりして，テストに答えましょう。

[STEP2 テストの結果を確認する]

- スコアを表示のボタンをおして，答えが合っているか確認しましょう。
- すぐに結果がわかるので，満点を取れなかった児童から「もう一度やりたい！」という声があがり，再テストを行いました。2度目は多くの児童が満点を取りました。

▲テスト回答後，スコアを表示   ▲テスト結果

▶展開3：金管楽器〇×クイズをつくろう

- 金管楽器について今までに学んだことを使って，金管楽器〇×クイズを作りましょう。
- あらかじめ作っておいたドキュメントを Classroom の"授業"タブからクラスの児童にコピーして配布し，そこに問題と答えを入力します。

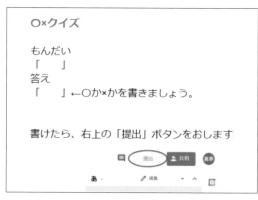

- 入力した後に提出ボタンをおすと，教師のページに児童が作ったファイルが集まってきます。
- 児童は「一番大きい金管楽器はチューバである」，「金管楽器にはベルがある」など，学んだことをクイズにすることができました。

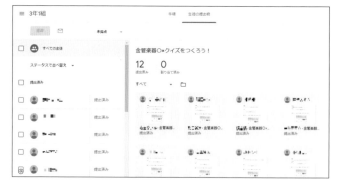

- ファイルを開き，問題と答えを教師が問題作成用テンプレートに集計して Kahoot! にインポートします。

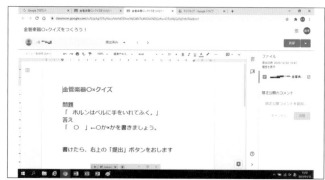

▶まとめ：金管楽器〇×クイズを楽しもう

- Classroom から児童は Kahoot! 回答者ページに入り，教師は出題者ページを開き，大型ディスプレイに問題を提示します。それを見ながら手元の Chromebook 画面の正解の方をタッチします。
- 正解を早くタッチするほど得点が高くなり，最終結果も表示されるので，楽しみながら金管楽器のふりかえりができます。

- 児童は終始集中して問題を解き，結果発表では歓声があがりました。

【1人1台端末のクラウド活用のポイント】

　キーボード入力がまだ不慣れな児童には，手書き入力機能を使うと，短い文章の入力は短時間でできるようになります。Jamboard を使って文字入力に慣れるとともに，友だちと瞬時に意見を共有することができます。また，Classroom を利用してその他のアプリの共有機能を体験することで，児童の「友だちにもっと伝えたい！」という意欲の高まりが期待できます。

編著者からのひとこと

　授業では，様々なものを友達に紹介する機会があります。紹介するものがデジタル化されていれば，クラウド保存することで，友達が同時に感想を書き込めます。自分のペースで友達と同じものを見たり，書き込んだりすること，また自分の紹介したものに感想を受け取ることで，子どもたちの活動がよりアクティブ（本時は伝えたい！）になっていきます。

（堀田博史）

3年

音楽

市の良さを PR するポスターを作ろう！

3年	総合	OS：Chrome OS
		ツール：Google スライド, Google Jamboard, Google フォーム

戸田市立戸田第二小学校
園田 達郎

　地域の魅力を伝える活動で，Google Workspace の各種アプリを活用する。今回は主にプレゼンテーションアプリ「Google スライド」を1人1台端末で活用。スライド1枚をポスター用紙に見立てることで，修正しやすく，かつ個人の字や絵のきれいさに左右されない成果物ができる。また制作を通して，構成力や相手意識，ICT リテラシーなどを養うことが期待できる。

ねらい

● **教科のねらい**
　自分たちの住むまちとその魅力を知り，市のよさを伝える。
● **情報活用能力育成のねらい**
　Google Workspace の各種アプリの使用方法に親しむとともに，正しくキーボード入力しながら相手を意識したポスターを制作することができる。

単元計画

1．調査・分析（7時間）
- 社会科で学習した市の様子について振り返り，市の魅力について話し合ったり，身近な人に聞き取り調査をしたりする。
- 市の魅力をランキングにまとめ，自分たちの知らない様々な市の良さについて気付く。

2．探究活動（8時間）
- 市の魅力を思考ツールに書き出しまとめ，さらに詳しく調べる。

◇本時

3. 成果物の作成（13時間）

- 他市の地域PRポスターや外部講師の指導をもとに，ポスター作りのノウハウを学ぶ。
- Googleスライドの操作練習をし，ポスターを制作する。（本時）
- 制作したポスターを互いに批評し合い，修正する。

4. PR大使としての活動をする（7時間）

- ポスターの掲示場所についてJamboardを使って意見を出し合う。
- ポスターとともにGoogleフォームのQRコードを設置し，見てもらった人にフィードバックをもらう。
  - → ・新しい発見はあったか
    - ・見やすい内容であったか
    - ・そのほか意見・感想　など
- フィードバックから自分たちの取組を自己評価し，成果と課題を発表し合う。

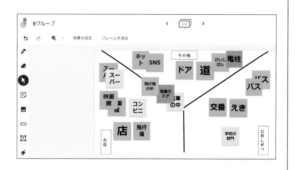

実践例

- 複数の端末から共同編集ができる。
- 各家庭で撮影した写真を，クラウド上でポスターに挿入できる。
- 加筆・修正を容易に，かつきれいにできる。

▶導入：Googleスライドを開いてみよう

教師：「今回のPRは，Googleスライドを使ったポスターで行います。」

教師：「手書きとパソコンで作ったポスターとでは，どんな違いがありますか。」

児童：「字がきれいに書けます。」

児童：「やり直しが簡単です。」

教師：「まずはGoogle Workspaceのクラスルームから，スライドを開きます。お手本のスライドを開きましょう。みなさんにも，こんなポスターが作れるようになりますよ。」

児童：「作り方がわからないよ。」

児童：「絵を描きたいから，手書きのほうがいいな。」

教師：「スライドの使い方は，これからドリル形式で練習します。自分で描いた絵や，おうちの人と一緒に撮りに行った写真を載せることもできますよ。もちろん，手書きで作ってもかまいません。」

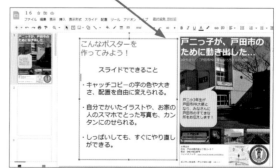

▶展開：Google スライドの使い方を練習しよう

[STEP 1 画像を挿入し，加工する]

教師：「まずはポスターに写真や絵を載せます。PR する内容が伝わる画像を選んだら，大きさを変えたり，より目立つように加工をしたりしてみましょう。」

児童：「私は自分で描いた絵を撮影して取り込むよ。」

児童：「インターネットにきれいな花火の写真があったよ。この写真を使いたいな。」

教師：「画像は，自分で描いたり，撮ったりしたものを使います。インターネット上の画像を使用する場合は，「著作権フリー」のものを探したり，著作者に許可をとったりしなければなりません。」

 他教科・他学年との関連
国語「引用するとき」や道徳「情報モラル」と併せて学習します。

[STEP 2 文を挿入し，加工する]

教師：「次に，キャッチコピーなどの文を入れます。文字の大きさや色，フォントなどで，ポスターの印象は大きく変わるので，色々と試してみましょう。」

児童：「一番伝えたいことを，他の字より大きくしよう。」

児童：「字をカラフルにしすぎると読みづらいね。」

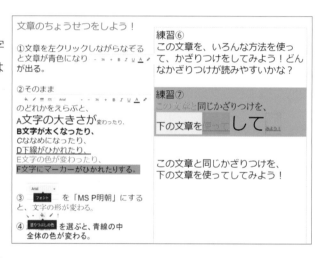

 他教科・他学年との関連
国語「ポスターを読もう」と併せて学習します。

[STEP 3 レイアウトを考える]

教師：「最後に，画像と文をどのようにレイアウトするかを考えましょう。」

教師：「最も目立たせたいことは何か，どのようにしたら人目を引くポスターになるか，必要な情報は何かを考えながら，ポスターのどこに何を配置するかを決めましょう。」

児童：「キャッチコピーは一番上と真ん中，どっちが目立つかな。」

児童：「花火の写真と駅の写真，二つはいらないね。」

▶まとめ：実際にポスターを作ってみよう

- ここまで学んできた操作をもとに，実際にポスターを作ってみましょう。
- 自分が一番PRしたいことが伝わるように，キャッチコピーや挿入する写真を考えましょう。

本物みたいにきれいにできたよ！
PRするための写真が足りないから，週末に写真を撮ってスライドに入れよう。

【1人1台端末のクラウド活用のポイント】

　3年生でローマ字を学習することにより，ICT機器操作の幅は一気に広がります。しかし情報リテラシーについてしっかりと理解したうえで活用することはまだまだ難しい面もあります。機能や操作方法を自ら学ぶ姿勢を大切にしつつ，教師や保護者の管理下で活用することが不可欠です。

編著者からのひとこと

　ポスターづくりを通じて，端末の操作方法のみならず，著作権といった情報モラルの指導を行っている好例です。また，練習用スライドを準備することで，スモールステップを踏みながら無理せず操作を習得させる工夫が参考になります。

（三井一希）

3年

総合

映像からの気づきをスライドにまとめよう

3・4年	**社会**	OS：iPadOS	金沢大学附属小学校
		ツール：SKYMENU Cloud, Google Classroom	福田 晃

　コロナ禍につき，工場見学に行くことができない。そこで，教師が職人がちくわを作る様子を撮影し，動画や写真を資料としながら学習を展開していった。従来であれば，動画や写真は大型ディスプレイに投影し，授業場面で一斉に視聴することとなる。だが，1人1台の端末環境および自宅に持ち帰ることができることにより，個人のペースと必要性に応じた映像の視聴が可能となった。また，学校での学びと家庭での学びの垣根を崩した新たな学習スタイルを構築することができた。

ねらい

●**教科のねらい**
- 岩内かまぼこ店におけるちくわづくりの仕事について，仕事の種類や産地の分布，仕事の工程に注目し，生産の仕事は自分たちの生活と深い関わりがあることを理解できるようにするとともに，主体的に学習問題を追究・解決しようとする態度を養う。

●**情報活用能力育成のねらい**
- 映像資料をもとにちくわづくりの課題に関する情報を収集，整理，分析し，表現することができる。

単元計画

1．**学習問題をつくる**

> 岩内かまぼこ店では，おいしいちくわを作って売るためにどんな仕事をしているのか

2．**予想をもとに学習計画を立てる**
- 仕入れる仕事，作る仕事，発送する仕事

◇**本時**

3．**資料から工場での仕事について整理する**
- 映像資料を元にちくわづくりの工程や工夫していることを調べる（本時）
- ちくわの原料をどこから仕入れているのかを調べる
- 生産されたちくわの出荷先から地域との関わり（販売）について調べる
- これまでの学習の中で解決できなかった疑問について調べる

4．**学習をまとめる**
- 課題に即し，岩内かまぼこ店のちくわづくりに関する仕事をスライドにまとめ，保護者に伝える

1. 家庭でちくわづくりの映像を視聴する（家庭）

＜岩内さんはどのようにちくわを作っているのか＞

・課題に即し，映像を家庭で見る。

・コメント欄に気づきや疑問点を書き込む。

　ちくわづくりに関する動画は解説テロップなどを入れず，撮影したままの状態で Google Classroom に投稿した。必要に応じて何度も見ることを大切にしてほしいと考えていたためである。その結果，コメント欄には分かったことだけではなく，ゆでる時に必ず数字をメモしていることなどの疑問点も書き込まれていた。後日，学校で映像についてたずねると，どの児童も複数回にわたり，視聴していたようである。

IMG_6089.jpeg
画像

IMG_6100.mov
動画

IMG_6106.jpeg
画像

IMG_6107.mov
動画

IMG_6116.jpeg
画像

IMG_4812.mov
動画

3・4年

社会

クラスのコメント **28** 件

 ●●●●● 2020/11/12
あの17が気になりました。調理のところに人がたくさんいたから役割分担はないのかなと思いました。

 ●●●●● 2020/11/12
17って何かな？？

 ●●●●● 2020/11/12
17ってなにですか？。それとすり身って本当にしていたという事が分かりました。

 ●●●●● 2020/11/12
機械を使わないで自分の手でちくわを作っていた。

 ●●●●● 2020/11/12
ちくわの焦げ目は、なぜ端っこは取るんだろう。最初は全面についているのに…………

2．SKYMENU Cloud の発表ノートにちくわづくりのプロセスをまとめる（学校）

・5〜7枚の写真にまとめます。

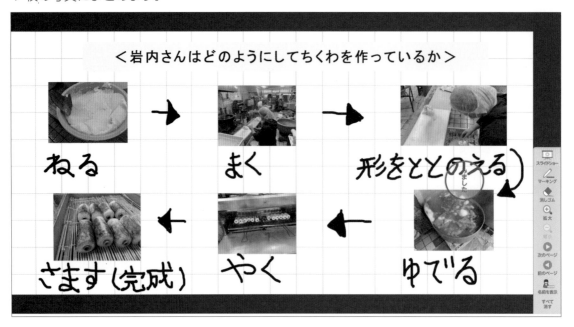

　ちくわをつくる仕事の工程をスライド1枚に表現させることを行いました。なお，その際には，使用できる写真の枚数を5〜7枚という条件を与えました。5〜7枚に写真を限定したのは，スライドの煩雑化を防ぐことと，ちくわづくりの工程をおおまかに分類して捉えることを意図していたためです。スライドに取り上げる写真がそれぞれ異なることから，教師の指示ではなく，児童自ら端末を見せ合い，ノートにまとめたものを見合うというゆるやかな交流が行われていました（右の写真）。授業後のふり返りには，「みんながスクショ（スクリーンショット）していた写真は同じじゃなかったけど，結局，ねる→まく→ととのえる→やく→さます，という順番はみんな一緒だったし，交流していて，やっぱり！と思いました」という記述が見られました。

3．全体で確認し，学習をまとめる

・必要に応じて映像を全体で確認します。

　ちくわづくりの工程をどのように表現できるかを全体で確認しました。全てをICTで完結させるのではなく，保存性に長けている印刷資料も活用することが望ましいです。ここでは，ちくわづくりの全工程を視覚的に捉えさせるため，印刷した写真を黒板に位置付けました。また，児童には口頭での発表だけではなく，必要に応じて自分の端末の映像をディスプレイに投影してもよいと伝えました。また，Classroom のコメント欄に投稿されていた疑問点についての話し合いも行いました。

特に「ゆでる際に壁にチョークで書いていた17という数字の意味は何だったのか」ということに興味をもつ児童が多く，何度もその場面の動画を見返す中で，ゆでる工程について考えていました。

4．疑問点をもとに映像をさらに視聴する
・確認の中で得られた新たな疑問を映像から学びます。

ちくわづくりの工程を確認する中で，岩内さんは，工夫しながらちくわを作っているのではないかという結論に至りました。「もう一度観たい」という声が上がったこともあり，あらためて「どんな工夫をしているのか」という視点で再度視聴する時間を確保しました。児童は，以前コメント欄に書かれていたものと関連付けたり，一見分からない行動の意味を考えたりしていました。

【1人1台端末のクラウド活用のポイント】
　端末を家庭に持ち帰ることによって，家庭で映像視聴をすることができました。また，単に映像を視聴することで終止するのではなく，Google Classroom のコメント欄には気づきや疑問点などが書かれており，家庭にいながらも他者との交流が行われていました。

　1人1台の端末環境下では，従来とは全く異なる授業の展開が可能となります。従来の授業づくりの一部にICTを端末を位置付けるという考え方ではなく，これまでの枠を超えた授業づくりが大切です。本実践では，映像の一斉視聴という枠を崩し，家庭での学びと学校での学びをつなぐことを行いました。それゆえ，1人1台の端末環境下での授業づくりを考える際には，「崩す」「つなぐ」という2つのキーワードがポイントになってくると考えています。

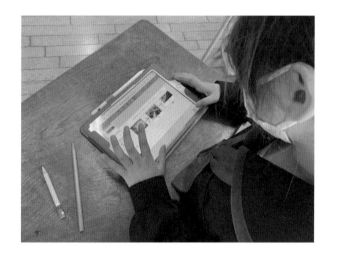

編著者からのひとこと
　児童は，映像を視聴した後にコメントを書き，その後友達との共通点に気づくことで，家庭での学びが学校の学びとつながるものと認識していきます。家庭での学びの成果をクラウドで保存，記録して，学校で振り返る。学びはどこでもできる好事例です。

（堀田博史）

知育ロボットを使って遊ぼう

幼稚園	年長クラス	OS：iPadOS	幼保連携型認定こども園　辻ヶ丘幼稚園
		ツール：知育ロボット「アリロ」	田畑 磨里恵　新留 明子

◆本園における ICT 活用の取組

　本園では，保育の質の向上を図るべく十数年前から ICT 機器の整備・活用を進めてきている。これまで，保育の時間に，NHK のクリップ映像や自作の教材，タブレットを使った作品制作の手順を提示する等保育教諭を中心に活用してきている。

　先般実施した ICT 活用に関する保護者アンケートで，多くの園児が携帯やタブレットを使えることも分かった。そこで，園児がタブレットを使える場面を多く取り入れることにしてきている。

　また，2020 年度から小学校でプログラミング教育が必修化されたこともあり，幼稚園としても，遊びながらプログラミング的思考の基礎を体験させたいと考え，知育ロボット「アリロ」を使った保育に取り組むことにした。

　この保育では，「アリロ」のコースをグループで考え，完成したコースをタブレットで撮影し，その写真を使って友だちに発表するという内容である。この体験を通して，グループ内で，自らの意見を発表したり，友だちの意見を聞いたりする活動で，相手意識を高めたり，グループで考え完成したコースを，それぞれの思いを込めて 1 枚の写真に撮影し，その写真を使って友だちに伝える体験を通して，情報活用能力の基礎を育てることにつながるものと考えた。

◆教材としての「アリロ」について

　知育ロボット「アリロ」は，園児たちの興味を引く形状であることが特徴。パネルを使ったコースは，視覚的に理解しやすいこと，本教材は，鹿児島市の小学校に導入されており，今後小学校においても「アリロ」を使った学習につながる教材であることから，「アリロ」を使うこととした。

ねらい

●保育のねらい
- 友だちと一緒に課題解決に主体的に参加し，自分の考えを伝えたり，相手の考えを聞いたりしながら試行錯誤し課題解決に向かうこと。グループの友だちと対話しながら課題を解決すること。
- グループの友だちと対話し，課題解決やグループで考えたことを共有するツールとしてタブレット端末を使って写真を撮り，写真をもとに発表すること。

●情報活用能力育成のねらい
- 園児同士の伝え合う場や協働する場を設定することで，園児の情報活用能力（発表や聞く態度など）の育成につなげること。

▶ 導入：これまでの活動を振り返る

• 前回アリロを動かしたときのミッションについて，園児と一緒に振り返ります。

▶ 展開：ミッションを確認し，グループごとに考えてみよう

　ミッションの解決のために，縮小パネルを使って，いろいろ組み合わせてみましょう。

• 自分がイメージしたコースと，友だちがイメージしたコースの相違に気づき，グループ内で独自のルールを決める様子が見られました。

• 「青のカードはこっちに進むよ。アリロの右はこっちだから，こっちに進むんじゃない？」等，縮小パネルの意味を確認しながら意見を伝え合います。

• 「次のカードは〇〇がいい。このコースだとゴールができないと思う。」等グループ内で意見が分かれることもあります。

〇 実際のパネルを使って，アリロを動かして遊んでみよう

• 縮小パネルを見ながらカードの指示を出す役割と，実際のパネルを組み合わせる役割に分かれて協力しましょう。

• 実際のパネルを組み合わせる過程で，縮小パネルと違う箇所がないか確認します。
「次は〇〇のカード，その次は〇〇のカードだよ。」「ここが違うよ。」「向きが違うから分からなくなる。向きをそろえよう。」等，声を掛け合ったり，やりやすい方法を工夫したりします。

• アリロがゴールできなかった時には，アリロの動きを振り返り，「このカードを変えよう。」「このパネルを交換しよう。」等どの部分のカードが間違えていたか友だちと確認をします。

• 縮小パネルで解決する組み合わせができたら，実際のパネルを組み立ててアリロを動かして遊びます。

幼稚園　年長クラス

○タブレット端末でコースの写真を撮影しよう
- 机上の縮小パネルがうまく写るように撮影をしましょう。
- 「私，まだ写真を撮ってない。」「僕はさっき撮ったから，〇〇ちゃん次いいよ。」「それじゃあ順番を決めよう。」等，タブレット端末で写真を撮る役割が偏らないようにグループの友だちと順番を決めるなど話し合います。
- 「みんなで考えたコースだから，グループのみんなで写真を撮ろう！」「僕が写真を撮るよ。みんなこっちを向いて！」「次は〇〇ちゃんの番ね。」等，ゴールをしたパネルとグループの友だちが一緒に写るように，交代で写真を撮り合います。

▶終末：発表してみよう
- 撮影した写真をディスプレイに映し，クラス全員で共有できるようにします。
- 「どんなことが難しかったですか？」「どんなことに頑張りましたか？」等自分たちの思いや考えをしっかり言葉で伝えられるように支援しました。
- 聞き手側の子どもたちには，友だちの発表に，疑問に思ったことを質問したり，聞く態度を意識したりできるように支援しました。

▶まとめ

　「アリロ」を使った保育では，園児たちは，とても活発に活動していました。特に，グループでの話し合いにおいては，自分の考えを主張したり，友だちの意見もしっかり聞くことができたり，意見交換は期待通りの成果を得ることができました。特に，意見がぶつかり，グループとしてなかなかまとまらない場面もあったものの，次第にそれぞれが納得できる案にまとめることができたことも子どもたちには貴重な体験でした。タブレットの撮影では，グループの思いを語り合いながら，撮影場面や，撮影方法についても意見を交わす場面も見られました。これまでは，何も考えずただシャッターを押す傾向が見られていましたが，今回は，上記のように1枚の写真にグループのこだわりも加え，その写真を使って生き生きと発表している姿は印象的でした。園の研究テーマである「主体的・対話的で深い学び」を意識したこれまでの取り組みが，園児の姿に反映されていたように感じました。

編著者からのひとこと

　年長さんでもここまでできる！と感心する実践です。プログラムすることが目的ではなく，友達と協働する中で，自分の考えを伝え，友達の考えを聞く活動の楽しさを感じることが重要です。本実践からは，情報端末での写真撮影やアリロの操作スキルも身に付きます。主の目的が達成できている好事例です。

（堀田博史）

お絵かきアプリを使って「クイズ」を作成

聖愛幼稚園
野口 哲也

幼稚園 年長クラス	OS：iPadOS
	ツール：らくがキッズ

◆ ICT を取り入れた背景

パソコンなどの機器を自由に触れる環境は以前から整えていたが，自由に触るだけの活動だとなかなか体験や学びが深まらないため，タブレットの登場を機に，数年前に正課として ICT の時間を設定し，年長と月に 1 〜 2 回，40 分程度の活動をおこなっている。

プログラミング的な活動もあれば，制作，音楽，運動と従来の活動を ICT という別の切り口で展開させることもある。ICT ありきではなく，「子どもたちの能力を伸ばす一つの手段」として ICT を捉え，その可能性を子どもたちと一緒に模索している。

◆ 本活動について

タブレットの「お絵かきアプリ」には，クレヨンと自由画帳にはない機能（やり直しができる，たくさんの色や筆がある，ソーシャル機能を使ってお互いの絵を見られる）がある。しかし筆圧や紙の質感，持ち方や角度によって微妙に変わる色合いなどはアナログには遠く及ばない。それぞれの「良さ」を生かした活動を目指している。

また，1 人 1 台端末があるが，個別の活動だけでなく，グループワークも多くして，子どもたち同士の関わり合いが生まれるような工夫をしている。

ねらい

- 互いにアイディアを出し合うことで，刺激し合い，さらに多くのアイディアを生み出す体験（ブレインストーミング）を通して発想力・想像力を豊かにする。
- 描くテーマを 1 つにしぼり込むための話し合いを通して，意見を主張し，すりあわせる能力を養う。
- アナログのお絵かきとは違う，「らくがキッズ」ならではの機能を生かした表現を模索し，楽しむ。また，ソーシャル機能を使って，互いの作品を評価しながら自己肯定感を高める。

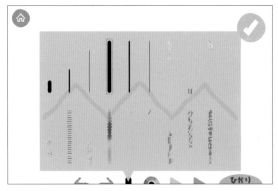

▲らくがキッズのいろいろな筆

実践例

▶事前準備：

- iPad は 1 人 1 台使用する。アプリケーションはスマートエデュケーションの「らくがキッズ」を使用する。
- 事前に管理画面にて下絵の準備をしておく。
- アプリのソーシャル機能を使うためにインターネット環境の事前チェックをおこなう。
- プロジェクター
- 園児は本時の前に，らくがキッズを 40 分× 2 コマ使い，ある程度基本的な操作をマスターしている状態。

▶導入:

- iPad は起動しないまま，前のプロジェクターを見てもらいます。

- プロジェクターに用意した下絵を表示し，「何に見えるかな?」と問いかける。「何かを『付け足し』て考えても良いですよ。」

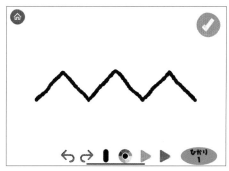

- 「今日は，みんなにたくさんのアイディアを出すことにチャレンジしてもらいます! グループごとに話し合って，何に見えるか 10 個くらい考えてみてください。一人ひとつはアイディアを出してくださいね。」

  →積極的にアイディアを出す子，それを聞くだけの子，なかなか思いつかない子，それぞれいるので，机間巡視で「○ちゃんのアイディアも聞いてみようよ」と声を掛けます。

  →お互いのアイディアに「耳を傾けさせる」ことで，多くの「ひらめき」を誘導します。

(実際の子どもの様子)

　ひらめきの個人差が多く，また，発言力の差もかなりあります。どうみても下絵と関係ないものでも，発言力のある子によって引っ張られることもあります。消極的な子どもとうまくバランスをとるように配慮しました。

▶展開 1:話し合い

- 「たくさんのアイディアが出たかな? 今度は，らくがキッズを使って，そのアイディアを描いてもらうんだけど，その前に，どのアイディアを描くか，みんなで話し合って 1 つに決めてください。」

  「みんなが描き終わったら，それを発表して，何を描いたか当ててもらう『クイズ』をします。だから，決まったアイディアはこっそり先生に教えてくださいね。」

  →アイディアが 1 つにしぼり込まれたら先生に報告します。他グループとバッティングしない方がその後のクイズが盛り上がります。また，下絵の形が消えてしまうようなアイディアであれば，再考を促します。

- グループ内で主張がぶつかった時には，安易に教諭が介入して解決するのではなく，お互いの意見を聞き，相手の気持ちを想像できるよう声掛けをします。また，「描けるかどうか」「クイズが難しすぎない (簡単すぎない) か」など，話し合いのポイントをヒントとして与えるのも良いです。

- アイディアが決まったグループは，アプリを起動し，下絵を選択して描き始めてもらいます。

  →グループ内で教え合って描けるように声を掛けます。(真似をしても良い)

  →クイズに答えてもらえるように分かりやすく描くことを意識させます。

（実際の子どもの様子）

　画用紙とクレヨンを使った描画と異なり、「らくがキッズ」では「戻す機能（アンドゥ）」があるので、苦手意識のある子も思い切って描いていました。また、虹色の筆など、多彩な筆が用意されており、子どもたちのモチベーションもあがっていました。

　「グループで教え合って描くこと」を推奨しているので、「その色どうやって出したの？」「ここを青く塗るといいよ」と教え合う姿、また、お互いの作品を真似し合うことで表現の幅が広がる場面も見られました。

▶展開2：クイズ

- 「では、それぞれのグループにクイズを出してもらいます。」
- グループごとにiPadを持って前に立ち、画面を見てもらい、クイズをおこないます。

　→ iPadを人に見せるように持つのは意外と難しいので、補助が必要です。
　→人前で話す練習として、指名や正誤の発表も子どもたちにやらせると良いです。

▶展開3：保存

- 保存機能を使い、らくがキッズのサーバー（園だけのクローズド環境）に作品を保存します。顔写真を撮影して作品と一緒に保存できます。（パスワードを保護者に伝えれば、自宅で子どもたちの作品を見ることも可能）
- らくがキッズの「作品閲覧機能」を使って、他の園児が何をどのように描いたか鑑賞する（描いた順序をトレース可能）。気に入った作品には「ハートマーク」を送ることができます。

（実際の子どもの様子）

　多くの出題は、すぐに解答が出ましたが、「＊＊が＊＊しているところ」という複雑なものは正答が出ず、出題側はちょっと残念な様子でした。「好きなものを描く」だけでなく「答えてもらえそうなものを選ぶ」という意識が芽生えたようでした。

　ハートについても、タブレットでハートを押してから、「＊＊ちゃん、ハート押したよ！」「ありがとう！　私も押したよ！」といった「オフラインのやりとり」も活発におこなわれていました。

子どもの作品：

「ピザ」

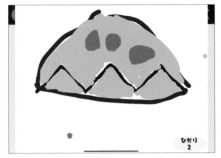 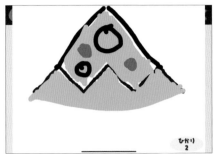 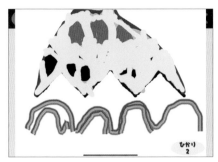

「家」

▶まとめ

- 今日の活動を再確認して終了。
- アイディアは一人だけでなく，みんなで考えるといろんなことを思いつく。
- 意見がぶつかった時にはどうしたらよいか。
  →単純に譲り合うのではなく，「話し合って」決めることの大切さを伝える。
- クイズを当ててもらった時の気持ち，ハートを送ってもらった時の気持ちを振り返り，次回への期待（今度はこんなふうに描いてみたい）を持たせる。

▶評価・感想

　回を重ねる毎に発想も豊かになり，より活発に話し合う姿が見られます。センスよりも経験が大切だと実感しています。この活動だけでなく，様々な保育の場面においても，「いろんなアイディアを出してアウトプットすること」，そして，「話し合いで物事を決めること」を意識しています。

　絵に苦手意識を持っている子の「最初の一歩の障壁」をデジタル技術が取り払っているようにも感じます。ICT の力で，できなかったこと，苦手だったことが克服できれば，それは大きな自信になり，また，ICT 機器を「ひまつぶしの機械」ではなく「便利なツール」として認識することにつながると思います。

編著者からのひとこと

　保育の正課として，ICT の時間を設けているのは大変珍しいですね。月1〜2回の活動で，幼児の操作スキルをはじめとした知識・技能も積み重なり向上します。注目は，ひとつの波線がいろいろなものに見えてきて，描いて伝え合うことで，さらに波線の展開イメージが増していきます。作品はクラウドにも保存され，家庭でも話題になることでしょう。

（堀田博史）

低学年の情報活用能力の確認について

　児童が，自分自身で情報活用能力を確認するチェックリストと確認カードを準備しました。本書の各実践事例に書かれている「情報活用能力育成のねらい」をもとに，先行研究[※1]を交えながら作成しました。ぜひ，ご担当のクラスで試行してください。試行は，学期ごとなど定期的に実施する時は「じょうほうかつようチェックリスト」を，また毎授業や1日の授業単位で実施する時は「じょうほうかつようかくにんカード」を活用ください。児童の情報活用能力の変化や授業設計で情報活用能力をどの程度意識したかを確認できます。

（※1　大阪市小学校教育研究会視聴覚部が作成した「情報活用能力チェックリスト　大阪市版」）

　チェックリスト項目は大きく3つに分かれています。
　上段は，各学年でよく使う操作スキルです。
　(1年生は(1),2年生は(1)～(3),3年生は(1)～(5)に相当)

　中段は，「情報を集めて，選択，編集して，発信する」一連の流れの活動を網羅しています。これらは，一人ではなく，友達と一緒に活動できることも重要です。情報を集める時は，情報端末等で写真を撮影するだけではなく，人に話を聞いたり，本を読んだりする，デジタルだけではなくアナログの活動が大切だということも児童には理解してほしいことです。
　(1年生は(2)～(6),2年生は(4)～(12),3年生は(6)～(13)に相当)

　下段は，友達の作品を中傷したりせず，友達の作品から良いところを見つけること等で構成されています。また，自分で発信する情報に責任をもつことも忘れてはいけません。
　(1年生は(7),2年生は(13)～(15),3年生は(14)～(16)に相当)

小学1年生 じょうほう かつよう チェック リスト

ねん　　くみ　　ばん　名まえ：

あてはまる （　　　）に ○を つけましょう

（1）カメラきのうを つかって しゃしんを とる ことができる 　　　（　　　）

（2）本をよんだり 人にきいたりして じょうほうを あつめる ことができる 　　　（　　　）

（3）じぶんに ひつような じょうほうを えらぶ ことができる 　　　（　　　）

（4）じぶんの かんがえを タブレットを つかって ひょうげんする ことができる 　　　（　　　）

（5）こえの 大きさや はなす はやさに 気をつけて はなす ことができる 　　　（　　　）

（6）人の はなしを よくきいて しつもんや かんそうを いう ことができる 　　　（　　　）

（7）ともだちの さくひんを 大せつに する ことができる 　　　（　　　）

（8）ゲームきが インターネットに つながることを しっている 　　　（　　　）

小学2年生　じょうほう活用 チェック リスト

年　　組　　番　名前：

あてはまる　（　　）に　〇を　つけましょう

（1）カメラきのうを つかって しゃしんを とる ことができる　　　　（　　　　）

（2）タブレットに 手書きで 文字を 入力する ことができる　　　　（　　　　）

（3）タブレットで しゃしんを へんしゅうする ことができる　　　　（　　　　）

（4）知りたいことを 本で しらべる ことができる　　　　（　　　　）

（5）本を読んだり 人に聞いたりして じょうほうを あつめる ことができる　　　　（　　　　）

（6）自分に ひつような じょうほうを えらぶ ことができる　　　　（　　　　）

（7）友だちの 作ひんと 自分の 作ひんを くらべる ことができる　　　　（　　　　）

（8）友だちと いっしょに しらべたことを まとめる ことができる　　　　（　　　　）

（9）あい手を いしきして タブレットを つかって ひょうげんする ことができる　　　　（　　　　）

（10）友だちに 見せたいものを タブレットで はっぴょうする ことができる　　　　（　　　　）

（11）声の 大きさや 話す はやさに 気をつけて 話す ことができる　　　　（　　　　）

（12）人の 話を よく聞いて しつもんや かんそうを 言う ことができる　　　　（　　　　）

（13）友だちの 作ひんを 大せつに する ことができる　　　　（　　　　）

（14）自分の はっしんする ことに せきにんを もつ ことができる　　　　（　　　　）

（15）じょうほうを うけとる あい手の 気もちを 考える ことができる　　　　（　　　　）

小学3年生　じょうほう活用 チェックリスト

年　　組　　番 名前：

あてはまる　数字に　○を　つけましょう

3 は「よくあてはまる」，**2** は「すこしあてはまる」，**1** は「あてはまらない」です

(1) キーボードで 数字や 文字を 入力する ことができる　　　3 --- 2 --- 1

(2) 知りたいことを インターネットで 調べる ことができる　　　3 --- 2 --- 1

(3) 発表する プレゼンを 作せいする ことができる　　　3 --- 2 --- 1

(4) 調べたいことに 合わせて 写真を とる ことができる　　　3 --- 2 --- 1

(5) タブレットで 写真を へん集する ことができる　　　3 --- 2 --- 1

(6) 本を読んだり 人に聞いたりして じょうほうを 集める ことができる　　　3 --- 2 --- 1

(7) 自分に ひつような じょうほうを えらぶ ことができる　　　3 --- 2 --- 1

(8) 友だちの 作品と 自分の 作品を くらべる ことができる　　　3 --- 2 --- 1

(9) 友だちと いっしょに 調べたことを まとめる ことができる　　　3 --- 2 --- 1

(10) 相手を 意しきして タブレットを 使って 表げんする ことができる　　　3 --- 2 --- 1

(11) 調べたことを 新聞や パンフレットに まとめる ことができる　　　3 --- 2 --- 1

(12) 写真を どこに 入れるか 考えて 新聞や パンフレットを 作る ことができる　　　3 --- 2 --- 1

(13) 友だちの プレゼンに コメントする ことができる　　　3 --- 2 --- 1

(14) 友だちの 作品を 大切に する ことができる　　　3 --- 2 --- 1

(15) 自分の 発しんする ことに せきにんを もつ ことができる　　　3 --- 2 --- 1

(16) じょうほうを 受けとる 相手の 気持ちを 考える ことができる　　　3 --- 2 --- 1

にちじ： ___ 年 ___ 月 ___ 日 じかんめ きょうか： _____

1 年 ___ くみ ___ ばん 名まえ： _____

じゅぎょうで できたら ☆ を ぬりつぶしましょう

カメラきのうを つかって
しゃしんを とる

☆ ☆ ☆ ☆ ☆ ☆

本をよんだり 人にきいたり
して じょうほうを あつめる

☆ ☆ ☆ ☆ ☆ ☆

じぶんに ひつような
じょうほうを えらぶ

☆ ☆ ☆ ☆ ☆ ☆

じぶんの かんがえを
タブレットを つかって
ひょうげんする

☆ ☆ ☆ ☆ ☆ ☆

こえの 大きさや
はなす はやさに 気をつけて
はなす

☆ ☆ ☆ ☆ ☆ ☆

人の はなしを よくきいて
しつもんや かんそうを
いう

☆ ☆ ☆ ☆ ☆ ☆

ともだちの さくひんを
大せつに する

☆ ☆ ☆ ☆ ☆ ☆

日時：＿＿年＿＿月＿＿日＿＿時間目　教科：＿＿＿＿＿＿＿＿＿＿

2 年＿＿＿組＿＿＿番　名前：＿＿＿＿＿＿＿＿＿＿＿＿

じゅぎょうで　できたら　☆　を　ぬりつぶしましょう

カメラきのうを つかって しゃしんを とる ☆ ☆ ☆ ☆ ☆ ☆	タブレットに 手書きで 文字を 入力する ☆ ☆ ☆ ☆ ☆ ☆	タブレットで しゃしんを へんしゅうする ☆ ☆ ☆ ☆ ☆ ☆
知りたいことを 本で しらべる ☆ ☆ ☆ ☆ ☆ ☆	本を読んだり 人に聞いたり して じょうほうを あつめる ☆ ☆ ☆ ☆ ☆ ☆	自分に ひつような じょうほうを えらぶ ☆ ☆ ☆ ☆ ☆ ☆
友だちの 作ひんと 自分の 作ひんを くらべる ☆ ☆ ☆ ☆ ☆ ☆	友だちと いっしょに しらべたことを まとめる ☆ ☆ ☆ ☆ ☆ ☆	あい手を いしきして タブレットを つかって ひょうげんする ☆ ☆ ☆ ☆ ☆ ☆
友だちに 見せたいものを タブレットで はっぴょうする ☆ ☆ ☆ ☆ ☆ ☆	声の 大きさや 話す はやさに 気をつけて 話す ☆ ☆ ☆ ☆ ☆ ☆	人の 話を よく聞いて しつもんや かんそうを 言う ☆ ☆ ☆ ☆ ☆ ☆
友だちの 作ひんを 大せつに する ☆ ☆ ☆ ☆ ☆ ☆	自分の はっしんする ことに せきにんを もつ ☆ ☆ ☆ ☆ ☆ ☆	じょうほうを うけとる あい手の 気もちを 考える ☆ ☆ ☆ ☆ ☆ ☆

小学　3　年生　じょうほう 活用　かくにん　カード

日時：____年____月____日____時間目 教科：________________

3 年______組______番　名前：________________

じゅぎょうで　できたら　☆　を　ぬりつぶしましょう

キーボードで 数字や
文字を 入力する
☆ ☆ ☆ ☆ ☆ ☆

知りたいことを
インターネットで 調べる
☆ ☆ ☆ ☆ ☆ ☆

発表する プレゼンを
作せいする
☆ ☆ ☆ ☆ ☆ ☆

調べたいことに 合わせて
写真を とる
☆ ☆ ☆ ☆ ☆ ☆

タブレットで 写真を
へん集する
☆ ☆ ☆ ☆ ☆ ☆

本を読んだり 人に聞いたり
して じょうほうを 集める
☆ ☆ ☆ ☆ ☆ ☆

自分に ひつような
じょうほうを えらぶ
☆ ☆ ☆ ☆ ☆ ☆

友だちの 作品と
自分の 作品を くらべる
☆ ☆ ☆ ☆ ☆ ☆

友だちと いっしょに
調べたことを まとめる
☆ ☆ ☆ ☆ ☆ ☆

相手を 意しきして タブレットを 使って 表げんする
☆ ☆ ☆ ☆ ☆ ☆

調べたことを 新聞や
パンフレットに まとめる
☆ ☆ ☆ ☆ ☆ ☆

写真を どこに入れるか 考えて
新聞や パンフレットを 作る
☆ ☆ ☆ ☆ ☆ ☆

友だちの プレゼンに
コメントする
☆ ☆ ☆ ☆ ☆ ☆

友だちの 作品を
大切に する
☆ ☆ ☆ ☆ ☆ ☆

自分の 発しんする ことに
せきにんを もつ
☆ ☆ ☆ ☆ ☆ ☆

じょうほうを 受けとる
相手の 気持ちを 考える
☆ ☆ ☆ ☆ ☆ ☆

本書の事例で紹介したアプリ・ツール一覧

ツール名	ツールの概要	ツールを使用している実践事例
AutoDraw	Google が提供している自動描画ツール。AI（人工知能）を利用して落書きをプロが描いたようなイラストに変換できる。	Chromebook の操作を 6 年生に教えてもらって身につけよう p.48
Google Classroom	クラスの管理や課題の作成，配布，提出，採点をペーパーレス化・簡素化し，教師と生徒間のファイル共有を合理化することを目的としたオンライン学習システムの 1 つ。	じぶんだけの「いきものずかん」をつくろう！ p.24 Chromebook の操作を 6 年生に教えてもらって身につけよう p.48 やさいをそだてよう p.52 ともだちといっしょにえをかこう p.56 図形を使ってもようづくりをしよう p.68 かけ算（2）九九となる問題をつくり X チャートで分類しよう p.72 フラッシュカードでめざせ九九はかせ！ p.84 みんなで同時に共同編集 町の様子を伝えよう p.88 お互いの良さをクラスメイトと伝え合おう p.100 物語を読んで，おすすめポイントをしょうかいする文を作ろう p.108 映像からの気づきをスライドにまとめよう p.132
Google Jamboard	デジタルホワイトボード。付属のタッチペンで筆記，描画ができる。また，「画像の貼り付け」や「図形の拡大・縮小」「図形の自動入力」「付箋機能」などが自在に行える。離れた場所からでもリアルタイムで簡単にアイデアを形にして共有が可能。	みのまわりから「かたち」をさがしてなかまわけしよう！ p.28 あきとあそぼう！ ～あきのおもちゃづくり～ p.36 やさいをそだてよう p.52 ともだちといっしょにえをかこう p.56 図形を使ってもようづくりをしよう p.68 かけ算（2）九九となる問題をつくり X チャートで分類しよう p.72 いろいろな金管楽器について知ろう p.124 市の良さを PR するポスターを作ろう！ p.128
Google スプレッドシート	パソコン，スマートフォン，タブレットのどこからでも新しいスプレッドシートを作成して，他のユーザーと同時に編集が可能。インターネットに接続していなくても作業を継続でき，Excel ファイルも編集できる。	調べたことをグラフにしよう p.116 身のまわりのものの重さをはかろう p.120
Google スライド	Google が提供するプレゼンテーションプログラム。さまざまなプレゼンテーション用テーマ，フォント，埋め込み動画やアニメーションなどで，アイデアをわかりやすく表現できる。	フラッシュカードでめざせ九九はかせ！ p.84 みんなで同時に共同編集 町の様子を伝えよう p.88 身のまわりのものの重さをはかろう p.120 市の良さを PR するポスターを作ろう！ p.128
Google ドキュメント	ウェブブラウザ内で動くオフィスソフト。パソコン，スマートフォン，タブレットのどこからでも新しいドキュメントを作成して，他のユーザーと同時に編集が可能。インターネットに接続していなくても作業を継続でき，Word ファイルも編集できる。	物語を読んで，おすすめポイントをしょうかいする文を作ろう p.108 いろいろな金管楽器について知ろう p.124
Google ドライブ	Google が提供するオンラインストレージサービス。写真，動画，ファイルなどをクラウドに安全に保存して共有できる。	かくれているいきものをさがせ!!～はじめてのクラウド活用～ p.40 かけ算（2）九九となる問題をつくり X チャートで分類しよう p.72 物語を読んで，おすすめポイントをしょうかいする文を作ろう p.108
Google フォーム	Google ドキュメントエディタスイートの一部として含まれている調査管理ソフトウェア。自分でアンケートを作成するだけでなく，他のユーザーとも同時に共同で作成できる。	いろいろな金管楽器について知ろう p.124 市の良さを PR するポスターを作ろう！ P.128
Kahoot!	学校やその他の教育機関で教育技術として使用されているゲームベースの学習プラットフォーム。ユーザーが作成した 2 ～ 4 択の早押しクイズができる。	いろいろな金管楽器について知ろう p.124
Microsoft Sway	Microsoft Office 製品群に含まれる，ニュースレター，プレゼンテーション，ドキュメントなどのリッチなコンテンツ作成ツール。デザインも楽に，写真やビデオも簡単に追加でき，共有や共同編集も行える。	自分の成長をプレゼンテーションしよう p.96
スクールタクト	Web ブラウザだけで協働学習・アクティブラーニングを導入できる授業支援システム。生徒の学習状況をリアルタイムに把握し，生徒同士の解答を共有することで「みんなで学び合う」学習環境を構築できる。視覚支援教材やドリルなども作成可能。	道具とくらしのうつりかわり p.112
機能 ツールに含まれる ワードクラウド機能	文章中に使われているキーワードを一覧で表示する機能。使われている回数が多いほど，そのキーワードが大きく表示される。	道具とくらしのうつりかわり p.112
SKYMENU Cloud	学習活動端末支援 Web システム。児童生徒1 人ひとりの進度や能力，関心に応じた学びのプラットフォームを提供し，児童生徒同士が対話的に学ぶ学習環境を可能にするための学習活動ソフトウェア。クラウドサービスとして提供され，インターネットへの接続環境があれば，どこからでも利用できる。	映像からの気づきをスライドにまとめよう p.132
機能 ツールに含まれる 発表ノート	SKYMENU Cloud の機能のひとつである学習活動ソフトウェア。タブレット端末の画面上に手書きで線や文字を書き込んだり，画像を貼りつけたりできる。	色分けワークシートで説明文の構造をつかむ！ p.20

ツール名			ツールの概要	ツールを使用している実践事例
Song Maker			子どもでも簡単に楽曲を作れる作曲ツール。楽譜に見立てたマス目をなぞると，短い曲として再生される。楽器はピアノやマリンバなどから選べ，ドラムやコンガなどのパーカッションを追加できる。	たかさをかえてきょくをつくろう p.44
Viscuit			メガネというしくみだけで単純なプログラムからとても複雑なプログラムまで作ることができるプログラミング言語。アニメーション・ゲーム・絵本などを作成することが可能。	「うごく絵本を作ろう」p.60
Yahoo! きっず　動物図鑑			マルチメディア図鑑。ライオンやキリン，ゾウなど，生き物の特徴を画像や動画で見ることができる。	じぶんだけの「いきものずかん」をつくろう！ p.24
キーボード島アドベンチャー			小学生向けのキーボード検定サイトで，通常は学校からのアカウント発行のみが可能。	Chromebook の操作を 6 年生に教えてもらって身につけよう p.48
コラボノート® EX			協働学習支援ツール。「個別学習」と「協働学習」の切り替えが簡単にできるため，「個別学習」機能で自分の考えをしっかりとまとめ，「協働学習」機能で友だちの考えを共有することが簡単にできる。	たからものをしょうかいしよう p.64
東京書籍「新しい算数」デジタルコンテンツ			指導者用デジタル教科書（教材）・電子黒板を活用した指導に最適な提示型教材。デジタルコンテンツや映像資料などを豊富に収録しており，教科書紙面上の写真や図版，アイコンなどをクリックするだけの簡単な操作で利用できる。	しかくとさんかくをつかっていろいろな形をつくろう p.80
知育ロボット「アリロ」			(株)アーテックが開発した遊びながらプログラミング的思考が身につく機能満載の知育ロボット。音符や船など楽しいイラストが描かれたパネルをならべることで小さな子どもでも簡単にアリロの動きをプログラミングすることが可能。	知育ロボットを使って遊ぼう p.136
描画キャンバス(Canvas)			4 種類のペンやカラーなどを選択して，白地のキャンバスに自由に描画を行うことができる描画アプリ。描いた絵は PNG ファイルとしてエクスポートすることが可能。また画像ファイルを取り込んでそこに絵や文字を上書きしたり，「Canvas」内にデータを保存することができる。	じぶんだけの「いきものずかん」をつくろう！ p.24
フラッシュカード			幼児・児童向けの教材カード。単語やイラストなどが書かれており，短時間で次々とめくって見せることで反応速度や知識量の増加を目指すもの。	フラッシュカードでめざせ九九はかせ！ p.84
らくがキッズ			世界中の友達とらくがきを見せっこできる知育アプリ。クルマや動物の下絵を選んで，動くペンでお絵かきができる。子どもの感性や創造力を育む。	お絵かきアプリを使って「クイズ」を作成 p.140
レゴ®WeDo2.0			レゴ® ブロックを組み立て動かすことで簡単にプログラミングとものづくりができる，小学生向けのサイエンス＆プログラミング教材。	自分の作ったプログラムをタブレット上で見せ合おう p.104
ロイロノート・スクール			「思考力」「プレゼン力」「英語 4 技能」を育てる授業支援クラウド。自分の考えを書きだしたカードをつなげたりそのカードをクラスで共有したりしながら，生徒の自主性を育み，双方向授業を実現していくことを目的としている。	「どうぶつの 赤ちゃん」ちがいを比べて読もう p.16 つくろう！あそぼう！〜みんなでたのしいおもちゃづくり〜 p.32 あきとあそぼう！　〜あきのおもちゃづくり〜 p.36 「うごく絵本を作ろう」p.60 かけ算（2）九九となる問題をつくり X チャートで分類しよう p.72 身の回りの三角形と四角形を探そう p.76 しかくとさんかくをつかっていろいろな形をつくろう p.80 みんなで同時に共同編集 町の様子を伝えよう p.88 自分が作った「動くおもちゃ」を 1 年生に分かりやすく説明しよう p.92 お互いの良さをクラスメイトと伝え合おう p.100 自分の作ったプログラムをタブレット上で見せ合おう p.104
ツールに含まれる機能	X チャート		「多面的に見る」「分類する」ことを助ける思考ツール。X の文字で 4 分割したパートに，4 つの視点を設定できる。	あきとあそぼう！　〜あきのおもちゃづくり〜 p.36 かけ算（2）九九となる問題をつくり X チャートで分類しよう〜 p.72
	イメージマップ		図の中心においた言葉（中心語）から外側に連想を広げていくマップ。広がっていくにつれて，中心語とは結びつかないようなアイデアを生み出すことができる。	あきとあそぼう！　〜あきのおもちゃづくり〜 p.36
	ベン図		複数の集合の関係や，集合の範囲を視覚的に図式化したもの。「比較する」ことを助けてくれる。	「どうぶつの 赤ちゃん」ちがいを比べて読もう p.16
	フィッシュボーン		複数の原因と 1 つの結果を図にまとめたもの。魚の骨のような見た目で，「多面的に見る」「見通す」ことを助けてくれる。	あきとあそぼう！　〜あきのおもちゃづくり〜 p.36

あとがき

　この原稿を書いているのは，奇しくも，新型コロナウイルス感染拡大防止のための「全国一斉臨時休業」を首相が表明した日のちょうど1年後です。前例のない措置に学校現場は混乱に陥りました。子どもたちも保護者も不安な日々を過ごしたことと思います。臨時休業中にオンライン授業を実施した学校，プリントを大量に印刷して自学に取り組ませた学校とその対応は大きく分かれることとなりました。オンライン授業を実施したいと熱意を持った教員がいても，ICT環境が十分でなかったり，子どもたちの情報活用能力が十分でなかったりしたために諦めざるを得なかったという話も聞きます。

　ICT環境の整備に関しては，「GIGAスクール構想」の実現により解決します。次は，子どもたちの操作スキルや情報モラルといった情報活用能力です。この情報活用能力は，「学習の基盤となる資質・能力」とされ，あらゆる教科等を通じて育成することが学習指導要領で求められています。もちろん，高学年から指導すればよいのではなく，低学年からの継続的な指導が不可欠になってきます。

　絵の具を例に考えてみます。高学年では絵の具の使い方や色の混ぜ方はいちいち指導しません。自分が表現したい色をつくり，水の量を調整しながら絵を描いていくはずです。片付けも子どもたちは自分でできます。これらは，高学年から指導してできるようになったのではなく，低学年からの継続的な指導の積み重ねによって成り立っているのです。はじめて絵の具の使い方を指導する学年は，片付けの説明だけで1時間が終わるかもしれません。色の混ぜ方，絵筆の使い方の練習だけで授業が終わってしまうこともあるでしょう。それでも，絵の具の使い方は図画工作においては基盤となる知識・技能であり，低学年のうちから習得させておきたいものです。

　情報活用能力も同様です。低学年のうちから情報端末に触れさせ，さまざまな知識・技能を習得させておくことが必要です。一方で，「何から指導すればいいの？」「低学年はどんなことができるの？」という不安も大きいことでしょう。そんなときには，ぜひ本書を開いてください。担任している学年だけではなく，隣接学年でどんな実践ができるのかも見てください。きっと実践のヒントが得られるはずです。ICTがなくても似たような実践を行ったことがあるかもしれません。でも，ICTを活用することでできることが広がり，学びが深まることがあります。

　これまでのICT活用は電子黒板や実物投影機に代表されるように，活用の主体は教員でした。しかし，GIGAスクール構想で整備される情報端末の活用の主体は子どもたちです。教員の好き嫌い，得意不得意で情報端末の活用を制限してはなりません。絵の具だって，使う頻度が増えればスキルは向上します。最初はうまくいかないかもしれません。時間がかかるかもしれません。それでも，情報端末をたくさん使わせ，たくさん失敗させ，教員も子どもたちも楽しみながら活用していってほしいと願っています。本書がそのための一助になれば幸いです。

2021年2月吉日　編著者を代表して

信州大学 教育学部　佐藤 和紀
常葉大学 教育学部　三井 一希

監修・編著者

堀田 博史
ほった ひろし

1962年大阪府生まれ。関西大学大学院総合情報学研究科修士課程修了。現在，園田学園女子大学人間教育学部教授。主たる研究領域として，幼児教育・初等中等教育における情報化に伴う教育内容・教育方法の開発，e-ラーニング手法を用いた教員研修の開発に従事，GIGAスクール構想実現に向けて，多数の自治体でアドバイザーを務める。

編著者

佐藤 和紀
さとう かずのり

1980年長野県生まれ。東北大学大学院情報科学研究科修了，博士（情報科学）。東京都公立小学校主任教諭，常葉大学教育学部専任講師を経て現職。現在，信州大学学術研究院教育学系助教。主たる研究領域として，教育工学，情報教育・メディア教育，ICT活用授業：特に，情報化に伴う教育内容・教育方法の開発，学習支援システムや教材の開発，教員研修の開発など。

編著者

三井 一希
みつい かずき

1982年山梨県生まれ。熊本大学大学院教授システム学専攻博士前期課程修了。山梨県公立小学校教諭を経て，現在，常葉大学教育学部初等教育課程専任講師。主たる研究領域として，教育工学，教授システム学：特に，授業デザイン，ICT活用，インストラクショナルデザイン，学びのユニバーサルデザイン。小学校での現場経験をもとに，学校現場に根ざした実践的な研究活動，教育活動に取り組む。

編集　　　　　　　小島卓，中川隆子，瀧澤能章（東京書籍）
装丁　　　　　　　長谷川理
本文デザイン　　　株式会社リーブルテック

GIGA スクール構想
ギガ　　　　　こうそう
小学校低学年 1人1台端末を活用した 授業実践ガイド
しょうがっこうていがくねん ひとりいち だいたんまつ かつよう じゅぎょうじっせん
2021 年 4 月 28 日　第 1 刷発行
2021 年 12 月 15 日　第 3 刷発行

監修・編著者　　堀田博史
　　　　　　　　ほった ひろし
編著者　　　　　佐藤和紀，三井一希
　　　　　　　　さとう かずのり みつい かずき
発行者　　　　　渡辺能理夫
発行所　　　　　東京書籍株式会社
　　　　　　　　東京都北区堀船 2-17-1　〒 114-8524
　　　　　　　　電話　　　03-5390-7531（営業）
　　　　　　　　　　　　　03-5390-7505（編集）
印刷・製本　　　株式会社リーブルテック
　　　　　　　　ISBN978-4-487-81489-3　C3037